Mein Staat

Markus Sintner

INHALT

"Mein Staat, das heißt: Selbstbestimmung als Auftrag für Vielfalt
mit Tradition, als Kern der Vergangenheit und Ausdruck
der Geschichte der Identität der Kultur unseres Volkes."

VORWORT

Die Freiheit des Geistes unseres Volkes entfaltet sich in den Grenzen der Vergangenheit. Zweitwohnsitz, das heißt im Bewusstsein patriotischen Denkens: Heimat als Kern, als Identität der Völker Europas. Drogen und Sumpf sind Ausdruck des Systemversagens der Eliten. Der Weg zur Freiheit ist die Pflicht des völkischen Wesens. Wenn wir gemeinsam aufstehen gegen die Umvolkung der Tradition, gegen den Austausch der Freiheit gegen die Identität, wird die Heimat zur Pflicht. Das Widerstandsrecht der Patrioten ist der Kampf des Geistes in der Heimat, gegen eine von den Eliten unterdrückten Tradition. Mein Staat heißt: Ich will als schlagender Burschenschafter geschützt werden vor Gewalt und Drogen. Identität als Selbstbestimmung der Heimat in der völkischen Tradition des Patriotismus heißt: Widerstand gegen ein anderes Land. Um mich selbst zu zitieren: "Ich habe Remarque, Naomi Klein und Karl Marx gelesen". Der Selbsthass des Volkes ist eine Lüge des Terrors. Der Pluralismus der Ethnien wird im freudigen Kampf entschieden. Um mich selbst zu zitieren: "Ich habe Remarque, Naomi Klein und Karl Marx gelesen". Unser Auftrag ist das Wesen der Heimat als Volk ohne Territorium, das den Geist von Jahrtausenden atmet und bewahrt. Mein Staat heißt: Ich will als Frau am Herd sicher sein vor dem falschen Rollenverständnis fremder Kulturen. Mein Staat heißt: Ich will, dass wir gemeinsam etwas aus meinem Leben machen und ihm einen Sinn geben. Mein Staat heißt: Ich will als deutsche Frau wieder unbekleidet auf die Straße gehen können, ohne Angst. Wenn wir das System des Terrors bekämpfen, wird die Macht der Straße das Wesen des Geistes unserer Kultur. Auch Goethe hat das so gesagt oder hätten es so sagen können. Wenn wir gemeinsam aufstehen gegen die Umvolkung der Tradition, gegen den Austausch der Freiheit gegen die Identität, wird die Heimat zur Pflicht. Um mich selbst zu zitieren: "Ich habe Remarque, Naomi Klein und Karl Marx gelesen". Mein Staat heißt: Ich will als Frau am Herd sicher sein vor dem falschen Rollenverständnis fremder Kulturen. Mein Staat heißt: Ich will, dass wir gemeinsam etwas aus meinem Leben machen und ihm einen Sinn geben. Die Leugnung der Systempresse ist die Grundlage für die Verschwörung der Eliten in der Kultur des europäischen Abendlandes. Mein Staat heißt: Ich will, dass wir gemeinsam etwas aus meinem Leben machen und ihm einen Sinn geben. Der Selbsthass des Volkes ist eine Lüge des Terrors. Der Pluralismus der Ethnien wird im freudigen Kampf entschieden. Identität entsteht aus dem Terror der Eliten, die den Austausch der Patrioten betreiben. Das würde ein Fremder sich niemals absprechen lassen. Der Selbsthass des Volkes ist eine Lüge des Terrors. Der Pluralismus der Ethnien wird im freudigen Kampf entschieden. Die Identität des Kapitals der Eliten ist die Leugnung der völkischen Heimat der Tradition als Alternative zum System der Lüge. Drogen und Sumpf sind Ausdruck des Systemversagens der Eliten. Der Weg zur Freiheit ist die Pflicht des völkischen Wesens. Die Freiheit des Geistes unseres Volkes entfaltet sich in den Grenzen der Vergangenheit. Zweitwohnsitz, das heißt im Bewusstsein patriotischen Denkens: Heimat als Kern, als Identität der Völker Europas. Die Freiheit des Geistes unseres Volkes entfaltet sich in den Grenzen der Vergangenheit. Unser Land steht seit Machiavelli, also seit über tausend Jahren, in christlich-abendländischer Tradition. Die Umvolkung der Nation bezeugt die Tradition eines Systemversagens, dessen Tage gezählt sind. Wenn wir das System des Terrors bekämpfen, wird die Macht der Straße das Wesen des Geistes unserer Kultur. Um mich selbst zu zitieren: "Ich habe Remarque, Naomi Klein und Karl Marx gelesen". Die Leugnung der Systempresse ist die Grundlage für die Verschwörung der Eliten in der Kultur des europäischen Abendlandes. Um mich selbst zu zitieren: "Ich habe Remarque, Naomi Klein und Karl Marx gelesen". Drogen und Sumpf sind Ausdruck des Systemversagens der Eliten.

Der Weg zur Freiheit ist die Pflicht des völkischen Wesens. Identität ist die Pflicht, den Widerstand gegen den Selbsthass als Tradition zu begreifen – also die Heimat als Patriot in den Wurzeln der Freiheit zu suchen. Um mich selbst zu zitieren: "Ich habe Remarque, Naomi Klein und Karl Marx gelesen". Die Identität des Kapitals der Eliten ist die Leugnung der völkischen Heimat der Tradition als Alternative zum System der Lüge. Unser Land steht seit Machiavelli, also seit über tausend Jahren, in christlich-abendländischer Tradition. Das Widerstandsrecht der Patrioten ist der Kampf des Geistes in der Heimat, gegen eine von den Eliten unterdrückten Tradition. Die Freiheit des Geistes unseres Volkes entfaltet sich in den Grenzen der Vergangenheit.

1 HEIMAT

Wenn die Völker Europas sich für das Blut ihrer Vorfahren entscheiden, sind die Patrioten der Identität einem neuen Staat verpflichtet. Der Selbsthass des Volkes ist eine Lüge des Terrors. Der Pluralismus der Ethnien wird im freudigen Kampf entschieden. Wir kämpfen für den selbstbestimmten Aufenthalt der Völker im Mittelmeer und anderswo. Identität entsteht aus dem Terror der Eliten, die den Austausch der Patrioten betreiben. Das würde ein Fremder sich niemals absprechen lassen. Wenn die Völker Europas sich für das Blut ihrer Vorfahren entscheiden, sind die Patrioten der Identität einem neuen Staat verpflichtet. Freiheit als Heimat bedeutet: die patriotische Pflicht zu tun, für ein Volk auf der Suche nach den Wurzeln der Lügen des Systems. Wenn wir gemeinsam aufstehen gegen die Umvolkung der Tradition, gegen den Austausch der Freiheit gegen die Identität, wird die Heimat zur Pflicht. Unser Stolz ist die Pluralität der Ethnien im Mittelmeer und auf Lampedusa. Identität als Selbstbestimmung der Heimat in der völkischen Tradition des Patriotismus heißt: Widerstand gegen ein anderes Land. Wenn die Völker Europas sich für das Blut ihrer Vorfahren entscheiden, sind die Patrioten der Identität einem neuen Staat verpflichtet. Zweitwohnsitz, das heißt im Bewusstsein patriotischen Denkens: Heimat als Kern, als Identität der Völker Europas. Identität entsteht aus dem Terror der Eliten, die den Austausch der Patrioten betreiben. Das würde ein Fremder sich niemals absprechen lassen. Die Umvolkung der Nation bezeugt die Tradition eines Systemversagens, dessen Tage gezählt sind. Identität ist die Pflicht, den

Widerstand gegen den Selbsthass als Tradition zu begreifen – also die Heimat als Patriot in den Wurzeln der Freiheit zu suchen. Auch Goethe hat das so gesagt oder hätten es so sagen können. Identität als Selbstbestimmung der Heimat in der völkischen Tradition des Patriotismus heißt: Widerstand gegen ein anderes Land. Um mich selbst zu zitieren: "Ich habe Remarque, Naomi Klein und Karl Marx gelesen". Unsere Ehre ist die Treue des Abendlandes im Dienste eines Volkes von Patrioten. Unsere Identität ist die Zukunft der Tradition im Geist der Heimat. Unser Land steht seit Machiavelli, also seit über tausend Jahren, in christlich-abendländischer Tradition. Mein Staat heißt: Ich will als deutsche Frau wieder unbekleidet auf die Straße gehen können, ohne Angst. Unsere Identität ist die Zukunft der Tradition im Geist der Heimat. Mein Staat, das heißt: Selbstbestimmung als Auftrag für Vielfalt mit Tradition, als Kern der Vergangenheit und Ausdruck der Geschichte der Identität der Kultur unseres Volkes. Mein Staat heißt: Ich will, dass wir gemeinsam etwas aus meinem Leben machen und ihm einen Sinn geben. Wenn wir gemeinsam aufstehen gegen die Umvolkung der Tradition, gegen den Austausch der Freiheit gegen die Identität, wird die Heimat zur Pflicht. Die Leugnung der Systempresse ist die Grundlage für die Verschwörung der Eliten in der Kultur des europäischen Abendlandes. Wenn wir das System des Terrors bekämpfen, wird die Macht der Straße das Wesen des Geistes unserer Kultur. Freiheit als Heimat bedeutet: die patriotische Pflicht zu tun, für ein Volk auf der Suche nach den Wurzeln der Lügen des Systems. Wenn die Völker Europas sich für das Blut ihrer Vorfahren entscheiden, sind die Patrioten der Identität einem neuen Staat verpflichtet. Wenn wir das System des Terrors bekämpfen, wird die Macht der Straße das Wesen des Geistes unserer Kultur. Die Umvolkung der Nation bezeugt die Tradition eines Systemversagens, dessen Tage gezählt sind. Mein Staat heißt: Ich will als schlagender Burschenschafter geschützt werden vor Gewalt und Drogen. Mein Staat, das heißt: Selbstbestimmung als Auftrag für Vielfalt mit Tradition, als Kern der Vergangenheit und Ausdruck der Geschichte der Identität der Kultur unseres Volkes. Freiheit als Heimat bedeutet: die patriotische Pflicht zu tun, für ein Volk auf der Suche nach den Wurzeln der Lügen des Systems. Identität als Selbstbestimmung der Heimat in der völkischen Tradition des Patriotismus heißt: Widerstand gegen ein anderes Land. Identität als Selbstbestimmung der Heimat in der völkischen Tradition des Patriotismus heißt: Widerstand gegen ein anderes Land. Unser Stolz ist die Pluralität der Ethnien im Mittelmeer und auf Lampedusa. Unsere Ehre ist die Treue des Abendlandes im Dienste eines Volkes von Patrioten. Wir kämpfen für den selbstbestimmten Aufenthalt der Völker im Mittelmeer und anderswo. Identität entsteht aus dem Terror der Eliten, die den Austausch der Patrioten betreiben. Das würde ein Fremder sich niemals absprechen lassen. Das Widerstandsrecht der Patrioten ist der Kampf des Geistes in der Heimat, gegen eine von den Eliten unterdrückten Tradition. Mein Staat heißt: Ich will als schlagender Burschenschafter geschützt werden vor Gewalt und Drogen. Die Identität des Kapitals der Eliten ist die Leugnung der völkischen Heimat der Tradition als Alternative zum System der Lüge. Identität entsteht aus dem Terror der Eliten, die den Austausch der Patrioten betreiben. Das würde ein Fremder sich niemals absprechen lassen. Identität entsteht aus dem Terror der Eliten, die den Austausch der Patrioten betreiben. Das würde ein Fremder sich niemals absprechen lassen. Wenn die Völker Europas sich für das Blut ihrer Vorfahren entscheiden, sind die Patrioten der Identität einem neuen Staat verpflichtet. Wir kämpfen für den selbstbestimmten Aufenthalt der Völker im Mittelmeer und anderswo. Die Leugnung der Systempresse ist die Grundlage für die Verschwörung der Eliten in der Kultur des europäischen Abendlandes. Die Freiheit des Geistes unseres Volkes entfaltet sich in den Grenzen der Vergangenheit. Zweitwohnsitz, das heißt im Bewusstsein patriotischen Denkens: Heimat als Kern, als Identität der Völker Europas. Der Selbsthass des Volkes ist eine Lüge des Terrors. Der Pluralismus der Ethnien wird im freudigen Kampf entschieden. Die Freiheit des Geistes unseres Volkes entfaltet sich in den Grenzen der Vergangenheit. Drogen und Sumpf sind Ausdruck des Systemversagens der Eliten. Der Weg zur Freiheit ist die Pflicht des völkischen Wesens. Mein Staat heißt: Ich will, dass wir gemeinsam etwas aus meinem Leben machen und ihm einen Sinn geben. Mein Staat heißt: Ich will als schlagender Burschenschafter geschützt werden vor Gewalt und Drogen. Unsere Identität ist die Zukunft der Tradition im Geist der Heimat. Unser Stolz ist die Pluralität der Ethnien im Mittelmeer und auf Lampedusa. Die Leugnung der Systempresse ist die Grundlage für die Verschwörung der Eliten in der Kultur des europäischen Abendlandes. Die Freiheit des Geistes unseres Volkes entfaltet sich in den Grenzen der Vergangenheit. Identität entsteht aus dem Terror der Eliten, die den

Austausch der Patrioten betreiben. Das würde ein Fremder sich niemals absprechen lassen. Wir kämpfen für den selbstbestimmten Aufenthalt der Völker im Mittelmeer und anderswo. Die Identität des Kapitals der Eliten ist die Leugnung der völkischen Heimat der Tradition als Alternative zum System der Lüge. Wenn die Völker Europas sich für das Blut ihrer Vorfahren entscheiden, sind die Patrioten der Identität einem neuen Staat verpflichtet. Unser Land steht seit Machiavelli, also seit über tausend Jahren, in christlich-abendländischer Tradition. Auch Sandra Warendorff von der Altpartei, die ich als Frau sehr schätze, ist schon mal in dieser Stadt gewesen. Mein Staat heißt: Ich will als schlagender Burschenschafter geschützt werden vor Gewalt und Drogen. Wenn wir das System des Terrors bekämpfen, wird die Macht der Straße das Wesen des Geistes unserer Kultur. Um mich selbst zu zitieren: "Ich habe Remarque, Naomi Klein und Karl Marx gelesen". Mein Staat heißt: Ich will als deutsche Frau wieder unbekleidet auf die Straße gehen können, ohne Angst. Die Identität des Kapitals der Eliten ist die Leugnung der völkischen Heimat der Tradition als Alternative zum System der Lüge. Wir kämpfen für den selbstbestimmten Aufenthalt der Völker im Mittelmeer und anderswo. Wir kämpfen für den selbstbestimmten Aufenthalt der Völker im Mittelmeer und anderswo. Die Umvolkung der Nation bezeugt die Tradition eines Systemversagens, dessen Tage gezählt sind. Auch Goethe hat das so gesagt oder hätten es so sagen können. Freiheit als Heimat bedeutet: die patriotische Pflicht zu tun, für ein Volk auf der Suche nach den Wurzeln der Lügen des Systems. Wir kämpfen für den selbstbestimmten Aufenthalt der Völker im Mittelmeer und anderswo. Die Leugnung der Systempresse ist die Grundlage für die Verschwörung der Eliten in der Kultur des europäischen Abendlandes. Drogen und Sumpf sind Ausdruck des Systemversagens der Eliten. Der Weg zur Freiheit ist die Pflicht des völkischen Wesens. Die Identität des Kapitals der Eliten ist die Leugnung der völkischen Heimat der Tradition als Alternative zum System der Lüge. Identität entsteht aus dem Terror der Eliten, die den Austausch der Patrioten betreiben. Das würde ein Fremder sich niemals absprechen lassen. Unser Land steht seit Machiavelli, also seit über tausend Jahren, in christlich-abendländischer Tradition. Unser Land steht seit Machiavelli, also seit über tausend Jahren, in christlich-abendländischer Tradition. Drogen und Sumpf sind Ausdruck des Systemversagens der Eliten. Der Weg zur Freiheit ist die Pflicht des völkischen Wesens. Unsere Identität ist die Zukunft der Tradition im Geist der Heimat. Die Umvolkung der Nation bezeugt die Tradition eines Systemversagens, dessen Tage gezählt sind. Drogen und Sumpf sind Ausdruck des Systemversagens der Eliten. Der Weg zur Freiheit ist die Pflicht des völkischen Wesens. Unsere Ehre ist die Treue des Abendlandes im Dienste eines Volkes von Patrioten. Unser Stolz ist die Pluralität der Ethnien im Mittelmeer und auf Lampedusa. Mein Staat heißt: Ich will als deutsche Frau wieder unbekleidet auf die Straße gehen können, ohne Angst. Mein Staat, das heißt: Selbstbestimmung als Auftrag für Vielfalt mit Tradition, als Kern der Vergangenheit und Ausdruck der Geschichte der Identität der Kultur unseres Volkes. Freiheit als Heimat bedeutet: die patriotische Pflicht zu tun, für ein Volk auf der Suche nach den Wurzeln der Lügen des Systems. Um mich selbst zu zitieren: "Ich habe Remarque, Naomi Klein und Karl Marx gelesen". Unsere Ehre ist die Treue des Abendlandes im Dienste eines Volkes von Patrioten. Die Freiheit des Geistes unseres Volkes entfaltet sich in den Grenzen der Vergangenheit. Wenn die Völker Europas sich für das Blut ihrer Vorfahren entscheiden, sind die Patrioten der Identität einem neuen Staat verpflichtet. Die Leugnung der Systempresse ist die Grundlage für die Verschwörung der Eliten in der Kultur des europäischen Abendlandes. Um mich selbst zu zitieren: "Ich habe Remarque, Naomi Klein und Karl Marx gelesen". Freiheit als Heimat bedeutet: die patriotische Pflicht zu tun, für ein Volk auf der Suche nach den Wurzeln der Lügen des Systems. Unser Auftrag ist das Wesen der Heimat als Volk ohne Territorium, das den Geist von Jahrtausenden atmet und bewahrt. Wir kämpfen für den selbstbestimmten Aufenthalt der Völker im Mittelmeer und anderswo. Mein Staat, das heißt: Selbstbestimmung als Auftrag für Vielfalt mit Tradition, als Kern der Vergangenheit und Ausdruck der Geschichte der Identität der Kultur unseres Volkes. Wenn die Völker Europas sich für das Blut ihrer Vorfahren entscheiden, sind die Patrioten der Identität einem neuen Staat verpflichtet. Die Umvolkung der Nation bezeugt die Tradition eines Systemversagens, dessen Tage gezählt sind. Mein Staat heißt: Ich will als schlagender Burschenschafter geschützt werden vor Gewalt und Drogen. Die Identität des Kapitals der Eliten ist die Leugnung der völkischen Heimat der Tradition als Alternative zum System der Lüge. Unser Stolz ist die Pluralität der Ethnien im Mittelmeer und auf Lampedusa. Mein Staat, das heißt: Selbstbestimmung als

Auftrag für Vielfalt mit Tradition, als Kern der Vergangenheit und Ausdruck der Geschichte der Identität der Kultur unseres Volkes. Identität ist die Pflicht, den Widerstand gegen den Selbsthass als Tradition zu begreifen – also die Heimat als Patriot in den Wurzeln der Freiheit zu suchen. Die Umvolkung der Nation bezeugt die Tradition eines Systemversagens, dessen Tage gezählt sind. Mein Staat heißt: Ich will, dass wir gemeinsam etwas aus meinem Leben machen und ihm einen Sinn geben. Der Selbsthass des Volkes ist eine Lüge des Terrors. Der Pluralismus der Ethnien wird im freudigen Kampf entschieden. Unsere Identität ist die Zukunft der Tradition im Geist der Heimat. Die Umvolkung der Nation bezeugt die Tradition eines Systemversagens, dessen Tage gezählt sind. Freiheit als Heimat bedeutet: die patriotische Pflicht zu tun, für ein Volk auf der Suche nach den Wurzeln der Lügen des Systems. Die Identität des Kapitals der Eliten ist die Leugnung der völkischen Heimat der Tradition als Alternative zum System der Lüge. Die Freiheit des Geistes unseres Volkes entfaltet sich in den Grenzen der Vergangenheit. Der Selbsthass des Volkes ist eine Lüge des Terrors. Der Pluralismus der Ethnien wird im freudigen Kampf entschieden. Die Umvolkung der Nation bezeugt die Tradition eines Systemversagens, dessen Tage gezählt sind. Um mich selbst zu zitieren: "Ich habe Remarque, Naomi Klein und Karl Marx gelesen". Mein Staat heißt: Ich will als Frau am Herd sicher sein vor dem falschen Rollenverständnis fremder Kulturen. Identität als Selbstbestimmung der Heimat in der völkischen Tradition des Patriotismus heißt: Widerstand gegen ein anderes Land. Identität ist die Pflicht, den Widerstand gegen den Selbsthass als Tradition zu begreifen – also die Heimat als Patriot in den Wurzeln der Freiheit zu suchen. Zweitwohnsitz, das heißt im Bewusstsein patriotischen Denkens: Heimat als Kern, als Identität der Völker Europas. Mein Staat heißt: Ich will, dass wir gemeinsam etwas aus meinem Leben machen und ihm einen Sinn geben. Auch Goethe hat das so gesagt oder hätten es so sagen können. Drogen und Sumpf sind Ausdruck des Systemversagens der Eliten. Der Weg zur Freiheit ist die Pflicht des völkischen Wesens. Mein Staat heißt: Ich will als schlagender Burschenschafter geschützt werden vor Gewalt und Drogen. Identität als Selbstbestimmung der Heimat in der völkischen Tradition des Patriotismus heißt: Widerstand gegen ein anderes Land. Unsere Identität ist die Zukunft der Tradition im Geist der Heimat. Auch Goethe hat das so gesagt oder hätten es so sagen können. Die Leugnung der Systempresse ist die Grundlage für die Verschwörung der Eliten in der Kultur des europäischen Abendlandes. Die Identität des Kapitals der Eliten ist die Leugnung der völkischen Heimat der Tradition als Alternative zum System der Lüge. Unser Stolz ist die Pluralität der Ethnien im Mittelmeer und auf Lampedusa. Wenn wir gemeinsam aufstehen gegen die Umvolkung der Tradition, gegen den Austausch der Freiheit gegen die Identität, wird die Heimat zur Pflicht. Wir kämpfen für den selbstbestimmten Aufenthalt der Völker im Mittelmeer und anderswo. Die Leugnung der Systempresse ist die Grundlage für die Verschwörung der Eliten in der Kultur des europäischen Abendlandes. Um mich selbst zu zitieren: "Ich habe Remarque, Naomi Klein und Karl Marx gelesen". Das Widerstandsrecht der Patrioten ist der Kampf des Geistes in der Heimat, gegen eine von den Eliten unterdrückten Tradition. Die Leugnung der Systempresse ist die Grundlage für die Verschwörung der Eliten in der Kultur des europäischen Abendlandes. Der Auftrag des Volkes ist die stolze und freie Tradition gegen das staatstragende Kartell. Freiheit als Heimat bedeutet: die patriotische Pflicht zu tun, für ein Volk auf der Suche nach den Wurzeln der Lügen des Systems. Mein Staat heißt: Ich will als schlagender Burschenschafter geschützt werden vor Gewalt und Drogen. Unser Stolz ist die Pluralität der Ethnien im Mittelmeer und auf Lampedusa. Identität ist die Pflicht, den Widerstand gegen den Selbsthass als Tradition zu begreifen – also die Heimat als Patriot in den Wurzeln der Freiheit zu suchen. Der Selbsthass des Volkes ist eine Lüge des Terrors. Der Pluralismus der Ethnien wird im freudigen Kampf entschieden. Auch Goethe hat das so gesagt oder hätten es so sagen können. Unser Land steht seit Machiavelli, also seit über tausend Jahren, in christlich-abendländischer Tradition. Freiheit als Heimat bedeutet: die patriotische Pflicht zu tun, für ein Volk auf der Suche nach den Wurzeln der Lügen des Systems. Um mich selbst zu zitieren: "Ich habe Remarque, Naomi Klein und Karl Marx gelesen". Identität entsteht aus dem Terror der Eliten, die den Austausch der Patrioten betreiben. Das würde ein Fremder sich niemals absprechen lassen. Unser Stolz ist die Pluralität der Ethnien im Mittelmeer und auf Lampedusa. Um mich selbst zu zitieren: "Ich habe Remarque, Naomi Klein und Karl Marx gelesen". Unser Auftrag ist das Wesen der Heimat als Volk ohne Territorium, das den Geist von Jahrtausenden atmet und bewahrt. Wenn wir gemeinsam aufstehen gegen die

Umvolkung der Tradition, gegen den Austausch der Freiheit gegen die Identität, wird die Heimat zur Pflicht. Die Identität des Kapitals der Eliten ist die Leugnung der völkischen Heimat der Tradition als Alternative zum System der Lüge. Mein Staat heißt: Ich will als Frau am Herd sicher sein vor dem falschen Rollenverständnis fremder Kulturen. Mein Staat heißt: Ich will als deutsche Frau wieder unbekleidet auf die Straße gehen können, ohne Angst. Wir kämpfen für den selbstbestimmten Aufenthalt der Völker im Mittelmeer und anderswo. Mein Staat, das heißt: Selbstbestimmung als Auftrag für Vielfalt mit Tradition, als Kern der Vergangenheit und Ausdruck der Geschichte der Identität der Kultur unseres Volkes. Unser Stolz ist die Pluralität der Ethnien im Mittelmeer und auf Lampedusa.

2 IDENTITÄT

Identität ist die Pflicht, den Widerstand gegen den Selbsthass als Tradition zu begreifen – also die Heimat als Patriot in den Wurzeln der Freiheit zu suchen. Identität ist die Pflicht, den Widerstand gegen den Selbsthass als Tradition zu begreifen – also die Heimat als Patriot in den Wurzeln der Freiheit zu suchen. Mein Staat, das heißt: Selbstbestimmung als Auftrag für Vielfalt mit Tradition, als Kern der Vergangenheit und Ausdruck der Geschichte der Identität der Kultur unseres Volkes. Mein Staat heißt: Ich will, dass wir gemeinsam etwas aus meinem Leben machen und ihm einen Sinn geben. Mein Staat heißt: Ich will als deutsche Frau wieder unbekleidet auf die Straße gehen können, ohne Angst. Unsere Identität ist die Zukunft der Tradition im Geist der Heimat. Die Umvolkung der Nation bezeugt die Tradition eines Systemversagens, dessen Tage gezählt sind. Mein Staat heißt: Ich will als schlagender Burschenschafter geschützt werden vor Gewalt und Drogen. Um mich selbst zu zitieren: "Ich habe Remarque, Naomi Klein und Karl Marx gelesen". Die Umvolkung der Nation bezeugt die Tradition eines Systemversagens, dessen Tage gezählt sind. Auch Sandra Warendorff von der Altpartei, die ich als Frau sehr schätze, ist schon mal in dieser Stadt gewesen. Der Auftrag des Volkes ist die stolze und freie Tradition gegen das staatstragende Kartell. Identität als Selbstbestimmung der Heimat in der völkischen Tradition des Patriotismus heißt: Widerstand gegen ein anderes Land. Unser Stolz ist die Pluralität der Ethnien im Mittelmeer und auf Lampedusa. Unsere Identität ist die Zukunft der Tradition im Geist der Heimat. Mein Staat heißt: Ich will als deutsche

Frau wieder unbekleidet auf die Straße gehen können, ohne Angst. Freiheit als Heimat bedeutet: die patriotische Pflicht zu tun, für ein Volk auf der Suche nach den Wurzeln der Lügen des Systems. Wenn wir das System des Terrors bekämpfen, wird die Macht der Straße das Wesen des Geistes unserer Kultur. Das Widerstandsrecht der Patrioten ist der Kampf des Geistes in der Heimat, gegen eine von den Eliten unterdrückten Tradition. Mein Staat heißt: Ich will als schlagender Burschenschafter geschützt werden vor Gewalt und Drogen. Unser Stolz ist die Pluralität der Ethnien im Mittelmeer und auf Lampedusa. Wenn die Völker Europas sich für das Blut ihrer Vorfahren entscheiden, sind die Patrioten der Identität einem neuen Staat verpflichtet. Auch Goethe hat das so gesagt oder hätten es so sagen können. Das Widerstandsrecht der Patrioten ist der Kampf des Geistes in der Heimat, gegen eine von den Eliten unterdrückten Tradition. Um mich selbst zu zitieren: "Ich habe Remarque, Naomi Klein und Karl Marx gelesen". Unser Auftrag ist das Wesen der Heimat als Volk ohne Territorium, das den Geist von Jahrtausenden atmet und bewahrt. Mein Staat heißt: Ich will, dass wir gemeinsam etwas aus meinem Leben machen und ihm einen Sinn geben. Die Leugnung der Systempresse ist die Grundlage für die Verschwörung der Eliten in der Kultur des europäischen Abendlandes. Die Umvolkung der Nation bezeugt die Tradition eines Systemversagens, dessen Tage gezählt sind. Unser Auftrag ist das Wesen der Heimat als Volk ohne Territorium, das den Geist von Jahrtausenden atmet und bewahrt. Das Widerstandsrecht der Patrioten ist der Kampf des Geistes in der Heimat, gegen eine von den Eliten unterdrückten Tradition. Der Selbsthass des Volkes ist eine Lüge des Terrors. Der Pluralismus der Ethnien wird im freudigen Kampf entschieden. Mein Staat, das heißt: Selbstbestimmung als Auftrag für Vielfalt mit Tradition, als Kern der Vergangenheit und Ausdruck der Geschichte der Identität der Kultur unseres Volkes. Das Widerstandsrecht der Patrioten ist der Kampf des Geistes in der Heimat, gegen eine von den Eliten unterdrückten Tradition. Um mich selbst zu zitieren: "Ich habe Remarque, Naomi Klein und Karl Marx gelesen". Identität entsteht aus dem Terror der Eliten, die den Austausch der Patrioten betreiben. Das würde ein Fremder sich niemals absprechen lassen. Wenn die Völker Europas sich für das Blut ihrer Vorfahren entscheiden, sind die Patrioten der Identität einem neuen Staat verpflichtet. Zweitwohnsitz, das heißt im Bewusstsein patriotischen Denkens: Heimat als Kern, als Identität der Völker Europas. Freiheit als Heimat bedeutet: die patriotische Pflicht zu tun, für ein Volk auf der Suche nach den Wurzeln der Lügen des Systems. Wenn die Völker Europas sich für das Blut ihrer Vorfahren entscheiden, sind die Patrioten der Identität einem neuen Staat verpflichtet. Zweitwohnsitz, das heißt im Bewusstsein patriotischen Denkens: Heimat als Kern, als Identität der Völker Europas. Das Widerstandsrecht der Patrioten ist der Kampf des Geistes in der Heimat, gegen eine von den Eliten unterdrückten Tradition. Der Auftrag des Volkes ist die stolze und freie Tradition gegen das staatstragende Kartell. Identität ist die Pflicht, den Widerstand gegen den Selbsthass als Tradition zu begreifen – also die Heimat als Patriot in den Wurzeln der Freiheit zu suchen. Mein Staat heißt: Ich will, dass wir gemeinsam etwas aus meinem Leben machen und ihm einen Sinn geben. Der Auftrag des Volkes ist die stolze und freie Tradition gegen das staatstragende Kartell. Identität als Selbstbestimmung der Heimat in der völkischen Tradition des Patriotismus heißt: Widerstand gegen ein anderes Land. Mein Staat heißt: Ich will als deutsche Frau wieder unbekleidet auf die Straße gehen können, ohne Angst. Unsere Ehre ist die Treue des Abendlandes im Dienste eines Volkes von Patrioten. Wenn die Völker Europas sich für das Blut ihrer Vorfahren entscheiden, sind die Patrioten der Identität einem neuen Staat verpflichtet. Mein Staat heißt: Ich will als schlagender Burschenschafter geschützt werden vor Gewalt und Drogen. Das Widerstandsrecht der Patrioten ist der Kampf des Geistes in der Heimat, gegen eine von den Eliten unterdrückten Tradition. Mein Staat heißt: Ich will als deutsche Frau wieder unbekleidet auf die Straße gehen können, ohne Angst. Die Identität des Kapitals der Eliten ist die Leugnung der völkischen Heimat der Tradition als Alternative zum System der Lüge. Wir kämpfen für den selbstbestimmten Aufenthalt der Völker im Mittelmeer und anderswo. Die Identität des Kapitals der Eliten ist die Leugnung der völkischen Heimat der Tradition als Alternative zum System der Lüge. Identität als Selbstbestimmung der Heimat in der völkischen Tradition des Patriotismus heißt: Widerstand gegen ein anderes Land. Wir kämpfen für den selbstbestimmten Aufenthalt der Völker im Mittelmeer und anderswo. Mein Staat heißt: Ich will als Frau am Herd sicher sein vor dem falschen Rollenverständnis fremder Kulturen. Zweitwohnsitz, das heißt im Bewusstsein patriotischen Denkens: Heimat als Kern, als Identität der Völker Europas. Identität ist die Pflicht, den

Widerstand gegen den Selbsthass als Tradition zu begreifen – also die Heimat als Patriot in den Wurzeln der Freiheit zu suchen. Mein Staat heißt: Ich will als schlagender Burschenschafter geschützt werden vor Gewalt und Drogen. Der Auftrag des Volkes ist die stolze und freie Tradition gegen das staatstragende Kartell. Mein Staat heißt: Ich will als deutsche Frau wieder unbekleidet auf die Straße gehen können, ohne Angst. Unser Auftrag ist das Wesen der Heimat als Volk ohne Territorium, das den Geist von Jahrtausenden atmet und bewahrt. Unsere Identität ist die Zukunft der Tradition im Geist der Heimat. Mein Staat heißt: Ich will, dass wir gemeinsam etwas aus meinem Leben machen und ihm einen Sinn geben. Unser Stolz ist die Pluralität der Ethnien im Mittelmeer und auf Lampedusa. Wenn die Völker Europas sich für das Blut ihrer Vorfahren entscheiden, sind die Patrioten der Identität einem neuen Staat verpflichtet. Drogen und Sumpf sind Ausdruck des Systemversagens der Eliten. Der Weg zur Freiheit ist die Pflicht des völkischen Wesens. Wir kämpfen für den selbstbestimmten Aufenthalt der Völker im Mittelmeer und anderswo. Unser Auftrag ist das Wesen der Heimat als Volk ohne Territorium, das den Geist von Jahrtausenden atmet und bewahrt. Identität entsteht aus dem Terror der Eliten, die den Austausch der Patrioten betreiben. Das würde ein Fremder sich niemals absprechen lassen. Wenn wir das System des Terrors bekämpfen, wird die Macht der Straße das Wesen des Geistes unserer Kultur. Die Umvolkung der Nation bezeugt die Tradition eines Systemversagens, dessen Tage gezählt sind. Freiheit als Heimat bedeutet: die patriotische Pflicht zu tun, für ein Volk auf der Suche nach den Wurzeln der Lügen des Systems. Wenn wir das System des Terrors bekämpfen, wird die Macht der Straße das Wesen des Geistes unserer Kultur. Um mich selbst zu zitieren: "Ich habe Remarque, Naomi Klein und Karl Marx gelesen". Die Identität des Kapitals der Eliten ist die Leugnung der völkischen Heimat der Tradition als Alternative zum System der Lüge. Mein Staat heißt: Ich will als deutsche Frau wieder unbekleidet auf die Straße gehen können, ohne Angst. Unser Auftrag ist das Wesen der Heimat als Volk ohne Territorium, das den Geist von Jahrtausenden atmet und bewahrt. Wenn die Völker Europas sich für das Blut ihrer Vorfahren entscheiden, sind die Patrioten der Identität einem neuen Staat verpflichtet. Auch Goethe hat das so gesagt oder hätten es so sagen können. Unser Land steht seit Machiavelli, also seit über tausend Jahren, in christlich-abendländischer Tradition. Unsere Identität ist die

Zukunft der Tradition im Geist der Heimat. Unser Stolz ist die Pluralität der Ethnien im Mittelmeer und auf Lampedusa. Das Widerstandsrecht der Patrioten ist der Kampf des Geistes in der Heimat, gegen eine von den Eliten unterdrückten Tradition. Identität als Selbstbestimmung der Heimat in der völkischen Tradition des Patriotismus heißt: Widerstand gegen ein anderes Land. Auch Sandra Warendorff von der Altpartei, die ich als Frau sehr schätze, ist schon mal in dieser Stadt gewesen. Wir kämpfen für den selbstbestimmten Aufenthalt der Völker im Mittelmeer und anderswo. Unsere Identität ist die Zukunft der Tradition im Geist der Heimat. Unser Land steht seit Machiavelli, also seit über tausend Jahren, in christlich-abendländischer Tradition. Die Freiheit des Geistes unseres Volkes entfaltet sich in den Grenzen der Vergangenheit. Wenn wir das System des Terrors bekämpfen, wird die Macht der Straße das Wesen des Geistes unserer Kultur. Der Selbsthass des Volkes ist eine Lüge des Terrors. Der Pluralismus der Ethnien wird im freudigen Kampf entschieden. Unser Auftrag ist das Wesen der Heimat als Volk ohne Territorium, das den Geist von Jahrtausenden atmet und bewahrt. Mein Staat heißt: Ich will als Frau am Herd sicher sein vor dem falschen Rollenverständnis fremder Kulturen. Die Leugnung der Systempresse ist die Grundlage für die Verschwörung der Eliten in der Kultur des europäischen Abendlandes. Auch Goethe hat das so gesagt oder hätten es so sagen können. Der Auftrag des Volkes ist die stolze und freie Tradition gegen das staatstragende Kartell. Auch Goethe hat das so gesagt oder hätten es so sagen können. Die Identität des Kapitals der Eliten ist die Leugnung der völkischen Heimat der Tradition als Alternative zum System der Lüge. Zweitwohnsitz, das heißt im Bewusstsein patriotischen Denkens: Heimat als Kern, als Identität der Völker Europas. Mein Staat heißt: Ich will, dass wir gemeinsam etwas aus meinem Leben machen und ihm einen Sinn geben. Die Umvolkung der Nation bezeugt die Tradition eines Systemversagens, dessen Tage gezählt sind. Identität als Selbstbestimmung der Heimat in der völkischen Tradition des Patriotismus heißt: Widerstand gegen ein anderes Land. Mein Staat, das heißt: Selbstbestimmung als Auftrag für Vielfalt mit Tradition, als Kern der Vergangenheit und Ausdruck der Geschichte der Identität der Kultur unseres Volkes. Unser Land steht seit Machiavelli, also seit über tausend Jahren, in christlich-abendländischer Tradition. Die Umvolkung der Nation bezeugt die Tradition eines Systemversagens, dessen

Tage gezählt sind. Unsere Identität ist die Zukunft der Tradition im Geist der Heimat. Das Widerstandsrecht der Patrioten ist der Kampf des Geistes in der Heimat, gegen eine von den Eliten unterdrückten Tradition. Unser Land steht seit Machiavelli, also seit über tausend Jahren, in christlich-abendländischer Tradition. Die Umvolkung der Nation bezeugt die Tradition eines Systemversagens, dessen Tage gezählt sind. Identität ist die Pflicht, den Widerstand gegen den Selbsthass als Tradition zu begreifen – also die Heimat als Patriot in den Wurzeln der Freiheit zu suchen. Mein Staat heißt: Ich will als schlagender Burschenschafter geschützt werden vor Gewalt und Drogen. Unser Stolz ist die Pluralität der Ethnien im Mittelmeer und auf Lampedusa. Unsere Identität ist die Zukunft der Tradition im Geist der Heimat. Die Leugnung der Systempresse ist die Grundlage für die Verschwörung der Eliten in der Kultur des europäischen Abendlandes. Mein Staat heißt: Ich will, dass wir gemeinsam etwas aus meinem Leben machen und ihm einen Sinn geben. Zweitwohnsitz, das heißt im Bewusstsein patriotischen Denkens: Heimat als Kern, als Identität der Völker Europas. Auch Goethe hat das so gesagt oder hätten es so sagen können. Unser Auftrag ist das Wesen der Heimat als Volk ohne Territorium, das den Geist von Jahrtausenden atmet und bewahrt. Der Selbsthass des Volkes ist eine Lüge des Terrors. Der Pluralismus der Ethnien wird im freudigen Kampf entschieden. Wenn wir das System des Terrors bekämpfen, wird die Macht der Straße das Wesen des Geistes unserer Kultur. Wenn wir gemeinsam aufstehen gegen die Umvolkung der Tradition, gegen den Austausch der Freiheit gegen die Identität, wird die Heimat zur Pflicht. Wenn wir das System des Terrors bekämpfen, wird die Macht der Straße das Wesen des Geistes unserer Kultur. Mein Staat heißt: Ich will als schlagender Burschenschafter geschützt werden vor Gewalt und Drogen. Die Umvolkung der Nation bezeugt die Tradition eines Systemversagens, dessen Tage gezählt sind. Das Widerstandsrecht der Patrioten ist der Kampf des Geistes in der Heimat, gegen eine von den Eliten unterdrückten Tradition. Wir kämpfen für den selbstbestimmten Aufenthalt der Völker im Mittelmeer und anderswo. Mein Staat heißt: Ich will als schlagender Burschenschafter geschützt werden vor Gewalt und Drogen. Mein Staat heißt: Ich will, dass wir gemeinsam etwas aus meinem Leben machen und ihm einen Sinn geben. Zweitwohnsitz, das heißt im Bewusstsein patriotischen Denkens: Heimat als Kern, als Identität der Völker Europas.

Unsere Ehre ist die Treue des Abendlandes im Dienste eines Volkes von Patrioten. Unser Stolz ist die Pluralität der Ethnien im Mittelmeer und auf Lampedusa. Wenn wir gemeinsam aufstehen gegen die Umvolkung der Tradition, gegen den Austausch der Freiheit gegen die Identität, wird die Heimat zur Pflicht. Unsere Identität ist die Zukunft der Tradition im Geist der Heimat. Unser Auftrag ist das Wesen der Heimat als Volk ohne Territorium, das den Geist von Jahrtausenden atmet und bewahrt. Unser Auftrag ist das Wesen der Heimat als Volk ohne Territorium, das den Geist von Jahrtausenden atmet und bewahrt. Drogen und Sumpf sind Ausdruck des Systemversagens der Eliten. Der Weg zur Freiheit ist die Pflicht des völkischen Wesens. Mein Staat heißt: Ich will als deutsche Frau wieder unbekleidet auf die Straße gehen können, ohne Angst. Die Freiheit des Geistes unseres Volkes entfaltet sich in den Grenzen der Vergangenheit. Die Freiheit des Geistes unseres Volkes entfaltet sich in den Grenzen der Vergangenheit. Unsere Identität ist die Zukunft der Tradition im Geist der Heimat. Unser Land steht seit Machiavelli, also seit über tausend Jahren, in christlich-abendländischer Tradition. Mein Staat heißt: Ich will als deutsche Frau wieder unbekleidet auf die Straße gehen können, ohne Angst. Mein Staat heißt: Ich will, dass wir gemeinsam etwas aus meinem Leben machen und ihm einen Sinn geben. Um mich selbst zu zitieren: "Ich habe Remarque, Naomi Klein und Karl Marx gelesen". Unsere Identität ist die Zukunft der Tradition im Geist der Heimat. Die Leugnung der Systempresse ist die Grundlage für die Verschwörung der Eliten in der Kultur des europäischen Abendlandes. Identität ist die Pflicht, den Widerstand gegen den Selbsthass als Tradition zu begreifen – also die Heimat als Patriot in den Wurzeln der Freiheit zu suchen. Zweitwohnsitz, das heißt im Bewusstsein patriotischen Denkens: Heimat als Kern, als Identität der Völker Europas. Unser Auftrag ist das Wesen der Heimat als Volk ohne Territorium, das den Geist von Jahrtausenden atmet und bewahrt. Mein Staat heißt: Ich will als deutsche Frau wieder unbekleidet auf die Straße gehen können, ohne Angst. Der Auftrag des Volkes ist die stolze und freie Tradition gegen das staatstragende Kartell. Drogen und Sumpf sind Ausdruck des Systemversagens der Eliten. Der Weg zur Freiheit ist die Pflicht des völkischen Wesens. Mein Staat heißt: Ich will als deutsche Frau wieder unbekleidet auf die Straße gehen können, ohne Angst. Der Selbsthass des Volkes ist eine Lüge des Terrors. Der Pluralismus der Ethnien wird im freudigen Kampf entschieden. Drogen und Sumpf sind Ausdruck des Systemversagens der Eliten. Der Weg zur Freiheit ist die Pflicht des völkischen Wesens. Auch Goethe hat das so gesagt oder hätten es so sagen können. Freiheit als Heimat bedeutet: die patriotische Pflicht zu tun, für ein Volk auf der Suche nach den Wurzeln der Lügen des Systems. Wenn die Völker Europas sich für das Blut ihrer Vorfahren entscheiden, sind die Patrioten der Identität einem neuen Staat verpflichtet. Der Auftrag des Volkes ist die stolze und freie Tradition gegen das staatstragende Kartell. Drogen und Sumpf sind Ausdruck des Systemversagens der Eliten. Der Weg zur Freiheit ist die Pflicht des völkischen Wesens. Der Selbsthass des Volkes ist eine Lüge des Terrors. Der Pluralismus der Ethnien wird im freudigen Kampf entschieden. Der Auftrag des Volkes ist die stolze und freie Tradition gegen das staatstragende Kartell. Freiheit als Heimat bedeutet: die patriotische Pflicht zu tun, für ein Volk auf der Suche nach den Wurzeln der Lügen des Systems. Mein Staat, das heißt: Selbstbestimmung als Auftrag für Vielfalt mit Tradition, als Kern der Vergangenheit und Ausdruck der Geschichte der Identität der Kultur unseres Volkes. Mein Staat heißt: Ich will als Frau am Herd sicher sein vor dem falschen Rollenverständnis fremder Kulturen. Auch Goethe hat das so gesagt oder hätten es so sagen können. Drogen und Sumpf sind Ausdruck des Systemversagens der Eliten. Der Weg zur Freiheit ist die Pflicht des völkischen Wesens. Unser Stolz ist die Pluralität der Ethnien im Mittelmeer und auf Lampedusa. Freiheit als Heimat bedeutet: die patriotische Pflicht zu tun, für ein Volk auf der Suche nach den Wurzeln der Lügen des Systems. Der Selbsthass des Volkes ist eine Lüge des Terrors. Der Pluralismus der Ethnien wird im freudigen Kampf entschieden. Wir kämpfen für den selbstbestimmten Aufenthalt der Völker im Mittelmeer und anderswo. Die Identität des Kapitals der Eliten ist die Leugnung der völkischen Heimat der Tradition als Alternative zum System der Lüge. Mein Staat heißt: Ich will als schlagender Burschenschafter geschützt werden vor Gewalt und Drogen. Mein Staat heißt: Ich will als schlagender Burschenschafter geschützt werden vor Gewalt und Drogen. Identität als Selbstbestimmung der Heimat in der völkischen Tradition des Patriotismus heißt: Widerstand gegen ein anderes Land. Die Leugnung der Systempresse ist die Grundlage für die Verschwörung der Eliten in der Kultur des europäischen Abendlandes. Freiheit als Heimat bedeutet: die patriotische Pflicht zu tun, für ein Volk auf der Suche nach den Wurzeln der Lügen des Systems. Freiheit als Heimat bedeutet: die patriotische Pflicht zu tun, für ein Volk auf der Suche nach den Wurzeln der Lügen des Systems. Auch Goethe hat das so gesagt oder hätten es so sagen können. Der Selbsthass des Volkes ist eine Lüge des Terrors. Der Pluralismus der Ethnien wird im freudigen Kampf entschieden. Unser Auftrag ist das Wesen der Heimat als Volk ohne Territorium, das den Geist von Jahrtausenden atmet und bewahrt. Mein Staat heißt: Ich will als Frau am Herd sicher sein vor dem falschen Rollenverständnis fremder Kulturen. Wenn wir gemeinsam aufstehen gegen die Umvolkung der Tradition, gegen den Austausch der Freiheit gegen die Identität, wird die Heimat zur Pflicht. Wenn wir das System des Terrors bekämpfen, wird die Macht der Straße das Wesen des Geistes unserer Kultur. Zweitwohnsitz, das heißt im Bewusstsein patriotischen Denkens: Heimat als Kern, als Identität der Völker Europas. Wenn die Völker Europas sich für das Blut ihrer Vorfahren entscheiden, sind die Patrioten der Identität einem neuen Staat verpflichtet. Unsere Identität ist die Zukunft der Tradition im Geist der Heimat. Der Auftrag des Volkes ist die stolze und freie Tradition gegen das staatstragende Kartell. Auch Goethe hat das so gesagt oder hätten es so sagen können. Wenn die Völker Europas sich für das Blut ihrer Vorfahren entscheiden, sind die Patrioten der Identität einem neuen Staat verpflichtet. Mein Staat heißt: Ich will als Frau am Herd sicher sein vor dem falschen Rollenverständnis fremder Kulturen. Mein Staat heißt: Ich will als deutsche Frau wieder unbekleidet auf die Straße gehen können, ohne Angst. Die Leugnung der Systempresse ist die Grundlage für die Verschwörung der Eliten in der Kultur des europäischen Abendlandes. Mein Staat heißt: Ich will, dass wir gemeinsam etwas aus meinem Leben machen und ihm einen Sinn geben. Unsere Identität ist die Zukunft der Tradition im Geist der Heimat. Wenn wir gemeinsam aufstehen gegen die Umvolkung der Tradition, gegen den Austausch der Freiheit gegen die Identität, wird die Heimat zur Pflicht. Die Umvolkung der Nation bezeugt die Tradition eines Systemversagens, dessen Tage gezählt sind. Die Umvolkung der Nation bezeugt die Tradition eines Systemversagens, dessen Tage gezählt sind. Mein Staat, das heißt: Selbstbestimmung als Auftrag für Vielfalt mit Tradition, als Kern der Vergangenheit und Ausdruck der Geschichte der Identität der Kultur unseres Volkes. Unser Auftrag ist das Wesen der Heimat als Volk ohne Territorium, das den Geist von Jahrtausenden atmet und bewahrt. Wenn wir das System des Terrors bekämpfen, wird die Macht der Straße das Wesen des Geistes unserer Kultur. Die Leugnung der Systempresse ist die Grundlage für die Verschwörung der Eliten in der Kultur des europäischen Abendlandes. Die Leugnung der Systempresse ist die Grundlage für die Verschwörung der Eliten in der Kultur des europäischen Abendlandes. Die Leugnung der Systempresse ist die Grundlage für die Verschwörung der Eliten in der Kultur des europäischen Abendlandes. Mein Staat heißt: Ich will als schlagender Burschenschafter geschützt werden vor Gewalt und Drogen. Auch Sandra Warendorff von der Altpartei, die ich als Frau sehr schätze, ist schon mal in dieser Stadt gewesen. Unsere Ehre ist die Treue des Abendlandes im Dienste eines Volkes von Patrioten. Drogen und Sumpf sind Ausdruck des Systemversagens der Eliten. Der Weg zur Freiheit ist die Pflicht des völkischen Wesens. Auch Goethe hat das so gesagt oder hätten es so sagen können. Mein Staat heißt: Ich will, dass wir gemeinsam etwas aus meinem Leben machen und ihm einen Sinn geben. Mein Staat heißt: Ich will als Frau am Herd sicher sein vor dem falschen Rollenverständnis fremder Kulturen. Mein Staat heißt: Ich will, dass wir gemeinsam etwas aus meinem Leben machen und ihm einen Sinn geben. Mein Staat heißt: Ich will als schlagender Burschenschafter geschützt werden vor Gewalt und Drogen. Mein Staat heißt: Ich will als deutsche Frau wieder unbekleidet auf die Straße gehen können, ohne Angst. Identität ist die Pflicht, den Widerstand gegen den Selbsthass als Tradition zu begreifen – also die Heimat als Patriot in den Wurzeln der Freiheit zu suchen. Unsere Ehre ist die Treue des Abendlandes im Dienste eines Volkes von Patrioten. Identität entsteht aus dem Terror der Eliten, die den Austausch der Patrioten betreiben. Das würde ein Fremder sich niemals absprechen lassen. Mein Staat, das heißt: Selbstbestimmung als Auftrag für Vielfalt mit Tradition, als Kern der Vergangenheit und Ausdruck der Geschichte der Identität der Kultur unseres Volkes. Unsere Ehre ist die Treue des Abendlandes im Dienste eines Volkes von Patrioten. Um mich selbst zu zitieren: "Ich habe Remarque, Naomi Klein und Karl Marx gelesen". Identität ist die Pflicht, den Widerstand gegen den Selbsthass als Tradition zu begreifen – also die Heimat als Patriot in den Wurzeln der Freiheit zu suchen. Mein Staat heißt: Ich will als Frau am Herd sicher sein vor dem falschen Rollenverständnis fremder Kulturen. Zweitwohnsitz, das heißt im Bewusstsein patriotischen Denkens: Heimat als Kern, als Identität der Völker

Europas. Wir kämpfen für den selbstbestimmten Aufenthalt der Völker im Mittelmeer und anderswo. Wenn wir das System des Terrors bekämpfen, wird die Macht der Straße das Wesen des Geistes unserer Kultur. Unser Auftrag ist das Wesen der Heimat als Volk ohne Territorium, das den Geist von Jahrtausenden atmet und bewahrt. Unser Land steht seit Machiavelli, also seit über tausend Jahren, in christlich-abendländischer Tradition. Unsere Ehre ist die Treue des Abendlandes im Dienste eines Volkes von Patrioten. Wenn wir das System des Terrors bekämpfen, wird die Macht der Straße das Wesen des Geistes unserer Kultur. Identität als Selbstbestimmung der Heimat in der völkischen Tradition des Patriotismus heißt: Widerstand gegen ein anderes Land. Wenn wir das System des Terrors bekämpfen, wird die Macht der Straße das Wesen des Geistes unserer Kultur. Unsere Identität ist die Zukunft der Tradition im Geist der Heimat. Der Selbsthass des Volkes ist eine Lüge des Terrors. Der Pluralismus der Ethnien wird im freudigen Kampf entschieden. Drogen und Sumpf sind Ausdruck des Systemversagens der Eliten. Der Weg zur Freiheit ist die Pflicht des völkischen Wesens. Die Umvolkung der Nation bezeugt die Tradition eines Systemversagens, dessen Tage gezählt sind. Wenn wir gemeinsam aufstehen gegen die Umvolkung der Tradition, gegen den Austausch der Freiheit gegen die Identität, wird die Heimat zur Pflicht. Unser Stolz ist die Pluralität der Ethnien im Mittelmeer und auf Lampedusa. Unsere Identität ist die Zukunft der Tradition im Geist der Heimat. Um mich selbst zu zitieren: "Ich habe Remarque, Naomi Klein und Karl Marx gelesen". Mein Staat heißt: Ich will als deutsche Frau wieder unbekleidet auf die Straße gehen können, ohne Angst. Wenn die Völker Europas sich für das Blut ihrer Vorfahren entscheiden, sind die Patrioten der Identität einem neuen Staat verpflichtet. Um mich selbst zu zitieren: "Ich habe Remarque, Naomi Klein und Karl Marx gelesen". Wenn die Völker Europas sich für das Blut ihrer Vorfahren entscheiden, sind die Patrioten der Identität einem neuen Staat verpflichtet. Identität als Selbstbestimmung der Heimat in der völkischen Tradition des Patriotismus heißt: Widerstand gegen ein anderes Land. Die Umvolkung der Nation bezeugt die Tradition eines Systemversagens, dessen Tage gezählt sind. Die Identität des Kapitals der Eliten ist die Leugnung der völkischen Heimat der Tradition als Alternative zum System der Lüge. Mein Staat heißt: Ich will als schlagender Burschenschafter geschützt werden vor Gewalt und Drogen. Um mich selbst zu zitieren: "Ich habe Remarque, Naomi Klein und Karl Marx gelesen". Um mich selbst zu zitieren: "Ich habe Remarque, Naomi Klein und Karl Marx gelesen". Identität ist die Pflicht, den Widerstand gegen den Selbsthass als Tradition zu begreifen – also die Heimat als Patriot in den Wurzeln der Freiheit zu suchen. Der Auftrag des Volkes ist die stolze und freie Tradition gegen das staatstragende Kartell. Unser Stolz ist die Pluralität der Ethnien im Mittelmeer und auf Lampedusa. Wenn wir das System des Terrors bekämpfen, wird die Macht der Straße das Wesen des Geistes unserer Kultur. Mein Staat heißt: Ich will als Frau am Herd sicher sein vor dem falschen Rollenverständnis fremder Kulturen. Die Identität des Kapitals der Eliten ist die Leugnung der völkischen Heimat der Tradition als Alternative zum System der Lüge. Unsere Identität ist die Zukunft der Tradition im Geist der Heimat. Die Umvolkung der Nation bezeugt die Tradition eines Systemversagens, dessen Tage gezählt sind. Um mich selbst zu zitieren: "Ich habe Remarque, Naomi Klein und Karl Marx gelesen". Unser Land steht seit Machiavelli, also seit über tausend Jahren, in christlich-abendländischer Tradition. Unsere Ehre ist die Treue des Abendlandes im Dienste eines Volkes von Patrioten. Auch Sandra Warendorff von der Altpartei, die ich als Frau sehr schätze, ist schon mal in dieser Stadt gewesen. Auch Sandra Warendorff von der Altpartei, die ich als Frau sehr schätze, ist schon mal in dieser Stadt gewesen. Die Umvolkung der Nation bezeugt die Tradition eines Systemversagens, dessen Tage gezählt sind. Unser Stolz ist die Pluralität der Ethnien im Mittelmeer und auf Lampedusa. Um mich selbst zu zitieren: "Ich habe Remarque, Naomi Klein und Karl Marx gelesen". Unsere Ehre ist die Treue des Abendlandes im Dienste eines Volkes von Patrioten. Wenn wir das System des Terrors bekämpfen, wird die Macht der Straße das Wesen des Geistes unserer Kultur. Identität entsteht aus dem Terror der Eliten, die den Austausch der Patrioten betreiben. Das würde ein Fremder sich niemals absprechen lassen. Der Auftrag des Volkes ist die stolze und freie Tradition gegen das staatstragende Kartell. Mein Staat heißt: Ich will als Frau am Herd sicher sein vor dem falschen Rollenverständnis fremder Kulturen. Die Identität des Kapitals der Eliten ist die Leugnung der völkischen Heimat der Tradition als Alternative zum System der Lüge. Mein Staat heißt: Ich will als Frau am Herd sicher sein vor dem falschen Rollenverständnis fremder Kulturen. Wenn wir gemeinsam aufstehen gegen die Umvolkung der Tradition, gegen den Austausch der

Freiheit gegen die Identität, wird die Heimat zur Pflicht. Zweitwohnsitz, das heißt im Bewusstsein patriotischen Denkens: Heimat als Kern, als Identität der Völker Europas. Wir kämpfen für den selbstbestimmten Aufenthalt der Völker im Mittelmeer und anderswo. Unsere Ehre ist die Treue des Abendlandes im Dienste eines Volkes von Patrioten. Unsere Ehre ist die Treue des Abendlandes im Dienste eines Volkes von Patrioten. Auch Sandra Warendorff von der Altpartei, die ich als Frau sehr schätze, ist schon mal in dieser Stadt gewesen. Mein Staat heißt: Ich will als deutsche Frau wieder unbekleidet auf die Straße gehen können, ohne Angst. Der Auftrag des Volkes ist die stolze und freie Tradition gegen das staatstragende Kartell. Wenn wir das System des Terrors bekämpfen, wird die Macht der Straße das Wesen des Geistes unserer Kultur. Mein Staat heißt: Ich will, dass wir gemeinsam etwas aus meinem Leben machen und ihm einen Sinn geben. Identität als Selbstbestimmung der Heimat in der völkischen Tradition des Patriotismus heißt: Widerstand gegen ein anderes Land. Die Freiheit des Geistes unseres Volkes entfaltet sich in den Grenzen der Vergangenheit. Auch Goethe hat das so gesagt oder hätten es so sagen können. Identität ist die Pflicht, den Widerstand gegen den Selbsthass als Tradition zu begreifen – also die Heimat als Patriot in den Wurzeln der Freiheit zu suchen. Mein Staat heißt: Ich will als schlagender Burschenschafter geschützt werden vor Gewalt und Drogen. Mein Staat heißt: Ich will als Frau am Herd sicher sein vor dem falschen Rollenverständnis fremder Kulturen. Freiheit als Heimat bedeutet: die patriotische Pflicht zu tun, für ein Volk auf der Suche nach den Wurzeln der Lügen des Systems. Unser Stolz ist die Pluralität der Ethnien im Mittelmeer und auf Lampedusa. Identität entsteht aus dem Terror der Eliten, die den Austausch der Patrioten betreiben. Das würde ein Fremder sich niemals absprechen lassen. Wenn die Völker Europas sich für das Blut ihrer Vorfahren entscheiden, sind die Patrioten der Identität einem neuen Staat verpflichtet. Unser Auftrag ist das Wesen der Heimat als Volk ohne Territorium, das den Geist von Jahrtausenden atmet und bewahrt. Die Leugnung der Systempresse ist die Grundlage für die Verschwörung der Eliten in der Kultur des europäischen Abendlandes. Auch Goethe hat das so gesagt oder hätten es so sagen können. Identität als Selbstbestimmung der Heimat in der völkischen Tradition des Patriotismus heißt: Widerstand gegen ein anderes Land. Der Selbsthass des Volkes ist eine Lüge des Terrors. Der

Pluralismus der Ethnien wird im freudigen Kampf entschieden. Der Auftrag des Volkes ist die stolze und freie Tradition gegen das staatstragende Kartell. Das Widerstandsrecht der Patrioten ist der Kampf des Geistes in der Heimat, gegen eine von den Eliten unterdrückten Tradition. Um mich selbst zu zitieren: "Ich habe Remarque, Naomi Klein und Karl Marx gelesen". Mein Staat heißt: Ich will als deutsche Frau wieder unbekleidet auf die Straße gehen können, ohne Angst. Unser Land steht seit Machiavelli, also seit über tausend Jahren, in christlich-abendländischer Tradition. Identität entsteht aus dem Terror der Eliten, die den Austausch der Patrioten betreiben. Das würde ein Fremder sich niemals absprechen lassen. Mein Staat heißt: Ich will, dass wir gemeinsam etwas aus meinem Leben machen und ihm einen Sinn geben. Mein Staat heißt: Ich will als Frau am Herd sicher sein vor dem falschen Rollenverständnis fremder Kulturen. Die Umvolkung der Nation bezeugt die Tradition eines Systemversagens, dessen Tage gezählt sind. Wenn wir das System des Terrors bekämpfen, wird die Macht der Straße das Wesen des Geistes unserer Kultur. Auch Sandra Warendorff von der Altpartei, die ich als Frau sehr schätze, ist schon mal in dieser Stadt gewesen. Unsere Ehre ist die Treue des Abendlandes im Dienste eines Volkes von Patrioten. Unser Stolz ist die Pluralität der Ethnien im Mittelmeer und auf Lampedusa. Mein Staat heißt: Ich will als Frau am Herd sicher sein vor dem falschen Rollenverständnis fremder Kulturen. Drogen und Sumpf sind Ausdruck des Systemversagens der Eliten. Der Weg zur Freiheit ist die Pflicht des völkischen Wesens. Drogen und Sumpf sind Ausdruck des Systemversagens der Eliten. Der Weg zur Freiheit ist die Pflicht des völkischen Wesens. Die Umvolkung der Nation bezeugt die Tradition eines Systemversagens, dessen Tage gezählt sind. Die Umvolkung der Nation bezeugt die Tradition eines Systemversagens, dessen Tage gezählt sind. Um mich selbst zu zitieren: "Ich habe Remarque, Naomi Klein und Karl Marx gelesen".

3 VOLK

Die Leugnung der Systempresse ist die Grundlage für die Verschwörung der Eliten in der Kultur des europäischen Abendlandes. Unser Auftrag ist das Wesen der Heimat als Volk ohne Territorium, das den Geist von Jahrtausenden atmet und bewahrt. Auch Sandra Warendorff von der Altpartei, die ich als Frau sehr schätze, ist schon mal in dieser Stadt gewesen. Unsere Identität ist die Zukunft der Tradition im Geist der Heimat. Unser Stolz ist die Pluralität der Ethnien im Mittelmeer und auf Lampedusa. Identität als Selbstbestimmung der Heimat in der völkischen Tradition des Patriotismus heißt: Widerstand gegen ein anderes Land. Wenn wir gemeinsam aufstehen gegen die Umvolkung der Tradition, gegen den Austausch der Freiheit gegen die Identität, wird die Heimat zur Pflicht. Freiheit als Heimat bedeutet: die patriotische Pflicht zu tun, für ein Volk auf der Suche nach den Wurzeln der Lügen des Systems. Zweitwohnsitz, das heißt im Bewusstsein patriotischen Denkens: Heimat als Kern, als Identität der Völker Europas. Drogen und Sumpf sind Ausdruck des Systemversagens der Eliten. Der Weg zur Freiheit ist die Pflicht des völkischen Wesens. Um mich selbst zu zitieren: "Ich habe Remarque, Naomi Klein und Karl Marx gelesen". Identität entsteht aus dem Terror der Eliten, die den Austausch der Patrioten betreiben. Das würde ein Fremder sich niemals absprechen lassen. Mein Staat heißt: Ich will, dass wir gemeinsam etwas aus meinem Leben machen und ihm einen Sinn geben. Wenn wir gemeinsam aufstehen gegen die Umvolkung der Tradition, gegen den Austausch der Freiheit gegen die Identität, wird die Heimat zur Pflicht.

Mein Staat, das heißt: Selbstbestimmung als Auftrag für Vielfalt mit Tradition, als Kern der Vergangenheit und Ausdruck der Geschichte der Identität der Kultur unseres Volkes. Die Freiheit des Geistes unseres Volkes entfaltet sich in den Grenzen der Vergangenheit. Die Freiheit des Geistes unseres Volkes entfaltet sich in den Grenzen der Vergangenheit. Die Identität des Kapitals der Eliten ist die Leugnung der völkischen Heimat der Tradition als Alternative zum System der Lüge. Wenn wir das System des Terrors bekämpfen, wird die Macht der Straße das Wesen des Geistes unserer Kultur. Unsere Ehre ist die Treue des Abendlandes im Dienste eines Volkes von Patrioten. Der Auftrag des Volkes ist die stolze und freie Tradition gegen das staatstragende Kartell. Der Selbsthass des Volkes ist eine Lüge des Terrors. Der Pluralismus der Ethnien wird im freudigen Kampf entschieden. Auch Sandra Warendorff von der Altpartei, die ich als Frau sehr schätze, ist schon mal in dieser Stadt gewesen. Unser Auftrag ist das Wesen der Heimat als Volk ohne Territorium, das den Geist von Jahrtausenden atmet und bewahrt. Auch Sandra Warendorff von der Altpartei, die ich als Frau sehr schätze, ist schon mal in dieser Stadt gewesen. Der Auftrag des Volkes ist die stolze und freie Tradition gegen das staatstragende Kartell. Unsere Ehre ist die Treue des Abendlandes im Dienste eines Volkes von Patrioten. Auch Sandra Warendorff von der Altpartei, die ich als Frau sehr schätze, ist schon mal in dieser Stadt gewesen. Freiheit als Heimat bedeutet: die patriotische Pflicht zu tun, für ein Volk auf der Suche nach den Wurzeln der Lügen des Systems. Die Leugnung der Systempresse ist die Grundlage für die Verschwörung der Eliten in der Kultur des europäischen Abendlandes. Wir kämpfen für den selbstbestimmten Aufenthalt der Völker im Mittelmeer und anderswo. Wenn wir das System des Terrors bekämpfen, wird die Macht der Straße das Wesen des Geistes unserer Kultur. Unser Land steht seit Machiavelli, also seit über tausend Jahren, in christlich-abendländischer Tradition. Identität als Selbstbestimmung der Heimat in der völkischen Tradition des Patriotismus heißt: Widerstand gegen ein anderes Land. Mein Staat heißt: Ich will als schlagender Burschenschafter geschützt werden vor Gewalt und Drogen. Unsere Ehre ist die Treue des Abendlandes im Dienste eines Volkes von Patrioten. Identität ist die Pflicht, den Widerstand gegen den Selbsthass als Tradition zu begreifen – also die Heimat als Patriot in den Wurzeln der Freiheit zu suchen. Der Auftrag des Volkes ist die stolze und freie Tradition gegen das staatstragende Kartell. Identität ist die Pflicht, den Widerstand gegen den Selbsthass als Tradition zu begreifen – also die Heimat als Patriot in den Wurzeln der Freiheit zu suchen. Die Identität des Kapitals der Eliten ist die Leugnung der völkischen Heimat der Tradition als Alternative zum System der Lüge. Wenn wir gemeinsam aufstehen gegen die Umvolkung der Tradition, gegen den Austausch der Freiheit gegen die Identität, wird die Heimat zur Pflicht. Identität entsteht aus dem Terror der Eliten, die den Austausch der Patrioten betreiben. Das würde ein Fremder sich niemals absprechen lassen. Zweitwohnsitz, das heißt im Bewusstsein patriotischen Denkens: Heimat als Kern, als Identität der Völker Europas. Identität als Selbstbestimmung der Heimat in der völkischen Tradition des Patriotismus heißt: Widerstand gegen ein anderes Land. Mein Staat heißt: Ich will als deutsche Frau wieder unbekleidet auf die Straße gehen können, ohne Angst. Um mich selbst zu zitieren: "Ich habe Remarque, Naomi Klein und Karl Marx gelesen". Die Identität des Kapitals der Eliten ist die Leugnung der völkischen Heimat der Tradition als Alternative zum System der Lüge. Wenn die Völker Europas sich für das Blut ihrer Vorfahren entscheiden, sind die Patrioten der Identität einem neuen Staat verpflichtet. Das Widerstandsrecht der Patrioten ist der Kampf des Geistes in der Heimat, gegen eine von den Eliten unterdrückten Tradition. Identität entsteht aus dem Terror der Eliten, die den Austausch der Patrioten betreiben. Das würde ein Fremder sich niemals absprechen lassen. Wenn die Völker Europas sich für das Blut ihrer Vorfahren entscheiden, sind die Patrioten der Identität einem neuen Staat verpflichtet. Wenn wir das System des Terrors bekämpfen, wird die Macht der Straße das Wesen des Geistes unserer Kultur. Wenn wir gemeinsam aufstehen gegen die Umvolkung der Tradition, gegen den Austausch der Freiheit gegen die Identität, wird die Heimat zur Pflicht. Mein Staat heißt: Ich will als Frau am Herd sicher sein vor dem falschen Rollenverständnis fremder Kulturen. Identität entsteht aus dem Terror der Eliten, die den Austausch der Patrioten betreiben. Das würde ein Fremder sich niemals absprechen lassen. Unsere Identität ist die Zukunft der Tradition im Geist der Heimat. Auch Goethe hat das so gesagt oder hätten es so sagen können. Das Widerstandsrecht der Patrioten ist der Kampf des Geistes in der Heimat, gegen eine von den Eliten unterdrückten Tradition. Unser Stolz ist die Pluralität der Ethnien im Mittelmeer und auf Lampedusa. Wenn wir das System des Terrors bekämpfen, wird die Macht der Straße das Wesen des Geistes unserer Kultur. Identität ist die Pflicht, den Widerstand gegen den Selbsthass als Tradition zu begreifen – also die Heimat als Patriot in den Wurzeln der Freiheit zu suchen. Unser Stolz ist die Pluralität der Ethnien im Mittelmeer und auf Lampedusa. Freiheit als Heimat bedeutet: die patriotische Pflicht zu tun, für ein Volk auf der Suche nach den Wurzeln der Lügen des Systems. Das Widerstandsrecht der Patrioten ist der Kampf des Geistes in der Heimat, gegen eine von den Eliten unterdrückten Tradition. Identität ist die Pflicht, den Widerstand gegen den Selbsthass als Tradition zu begreifen – also die Heimat als Patriot in den Wurzeln der Freiheit zu suchen. Mein Staat, das heißt: Selbstbestimmung als Auftrag für Vielfalt mit Tradition, als Kern der Vergangenheit und Ausdruck der Geschichte der Identität der Kultur unseres Volkes. Die Identität des Kapitals der Eliten ist die Leugnung der völkischen Heimat der Tradition als Alternative zum System der Lüge. Die Umvolkung der Nation bezeugt die Tradition eines Systemversagens, dessen Tage gezählt sind. Unser Stolz ist die Pluralität der Ethnien im Mittelmeer und auf Lampedusa. Identität ist die Pflicht, den Widerstand gegen den Selbsthass als Tradition zu begreifen – also die Heimat als Patriot in den Wurzeln der Freiheit zu suchen. Mein Staat, das heißt: Selbstbestimmung als Auftrag für Vielfalt mit Tradition, als Kern der Vergangenheit und Ausdruck der Geschichte der Identität der Kultur unseres Volkes. Mein Staat, das heißt: Selbstbestimmung als Auftrag für Vielfalt mit Tradition, als Kern der Vergangenheit und Ausdruck der Geschichte der Identität der Kultur unseres Volkes. Die Leugnung der Systempresse ist die Grundlage für die Verschwörung der Eliten in der Kultur des europäischen Abendlandes. Unsere Ehre ist die Treue des Abendlandes im Dienste eines Volkes von Patrioten. Die Freiheit des Geistes unseres Volkes entfaltet sich in den Grenzen der Vergangenheit. Wenn wir das System des Terrors bekämpfen, wird die Macht der Straße das Wesen des Geistes unserer Kultur. Die Leugnung der Systempresse ist die Grundlage für die Verschwörung der Eliten in der Kultur des europäischen Abendlandes. Mein Staat heißt: Ich will als deutsche Frau wieder unbekleidet auf die Straße gehen können, ohne Angst. Zweitwohnsitz, das heißt im Bewusstsein patriotischen Denkens: Heimat als Kern, als Identität der Völker Europas. Mein Staat heißt: Ich will als Frau am Herd sicher sein vor dem falschen Rollenverständnis fremder Kulturen. Unser Stolz ist die Pluralität der Ethnien im Mittelmeer und auf

Lampedusa. Der Auftrag des Volkes ist die stolze und freie Tradition gegen das staatstragende Kartell. Auch Sandra Warendorff von der Altpartei, die ich als Frau sehr schätze, ist schon mal in dieser Stadt gewesen. Unser Land steht seit Machiavelli, also seit über tausend Jahren, in christlich-abendländischer Tradition. Der Auftrag des Volkes ist die stolze und freie Tradition gegen das staatstragende Kartell. Die Umvolkung der Nation bezeugt die Tradition eines Systemversagens, dessen Tage gezählt sind. Unsere Ehre ist die Treue des Abendlandes im Dienste eines Volkes von Patrioten. Die Identität des Kapitals der Eliten ist die Leugnung der völkischen Heimat der Tradition als Alternative zum System der Lüge. Unsere Identität ist die Zukunft der Tradition im Geist der Heimat. Die Identität des Kapitals der Eliten ist die Leugnung der völkischen Heimat der Tradition als Alternative zum System der Lüge. Das Widerstandsrecht der Patrioten ist der Kampf des Geistes in der Heimat, gegen eine von den Eliten unterdrückten Tradition. Zweitwohnsitz, das heißt im Bewusstsein patriotischen Denkens: Heimat als Kern, als Identität der Völker Europas. Unser Auftrag ist das Wesen der Heimat als Volk ohne Territorium, das den Geist von Jahrtausenden atmet und bewahrt. Unser Land steht seit Machiavelli, also seit über tausend Jahren, in christlich-abendländischer Tradition. Die Freiheit des Geistes unseres Volkes entfaltet sich in den Grenzen der Vergangenheit. Wenn die Völker Europas sich für das Blut ihrer Vorfahren entscheiden, sind die Patrioten der Identität einem neuen Staat verpflichtet. Der Auftrag des Volkes ist die stolze und freie Tradition gegen das staatstragende Kartell. Identität als Selbstbestimmung der Heimat in der völkischen Tradition des Patriotismus heißt: Widerstand gegen ein anderes Land. Identität entsteht aus dem Terror der Eliten, die den Austausch der Patrioten betreiben. Das würde ein Fremder sich niemals absprechen lassen. Drogen und Sumpf sind Ausdruck des Systemversagens der Eliten. Der Weg zur Freiheit ist die Pflicht des völkischen Wesens. Zweitwohnsitz, das heißt im Bewusstsein patriotischen Denkens: Heimat als Kern, als Identität der Völker Europas. Die Freiheit des Geistes unseres Volkes entfaltet sich in den Grenzen der Vergangenheit. Identität entsteht aus dem Terror der Eliten, die den Austausch der Patrioten betreiben. Das würde ein Fremder sich niemals absprechen lassen. Auch Goethe hat das so gesagt oder hätten es so sagen können. Drogen und Sumpf sind Ausdruck des Systemversagens der Eliten. Der Weg zur Freiheit ist die

Pflicht des völkischen Wesens. Identität als Selbstbestimmung der Heimat in der völkischen Tradition des Patriotismus heißt: Widerstand gegen ein anderes Land. Identität ist die Pflicht, den Widerstand gegen den Selbsthass als Tradition zu begreifen – also die Heimat als Patriot in den Wurzeln der Freiheit zu suchen. Mein Staat heißt: Ich will, dass wir gemeinsam etwas aus meinem Leben machen und ihm einen Sinn geben. Freiheit als Heimat bedeutet: die patriotische Pflicht zu tun, für ein Volk auf der Suche nach den Wurzeln der Lügen des Systems. Die Freiheit des Geistes unseres Volkes entfaltet sich in den Grenzen der Vergangenheit. Die Umvolkung der Nation bezeugt die Tradition eines Systemversagens, dessen Tage gezählt sind. Mein Staat heißt: Ich will als Frau am Herd sicher sein vor dem falschen Rollenverständnis fremder Kulturen. Die Identität des Kapitals der Eliten ist die Leugnung der völkischen Heimat der Tradition als Alternative zum System der Lüge. Identität ist die Pflicht, den Widerstand gegen den Selbsthass als Tradition zu begreifen – also die Heimat als Patriot in den Wurzeln der Freiheit zu suchen. Mein Staat heißt: Ich will als deutsche Frau wieder unbekleidet auf die Straße gehen können, ohne Angst. Wenn die Völker Europas sich für das Blut ihrer Vorfahren entscheiden, sind die Patrioten der Identität einem neuen Staat verpflichtet. Drogen und Sumpf sind Ausdruck des Systemversagens der Eliten. Der Weg zur Freiheit ist die Pflicht des völkischen Wesens. Die Umvolkung der Nation bezeugt die Tradition eines Systemversagens, dessen Tage gezählt sind. Der Auftrag des Volkes ist die stolze und freie Tradition gegen das staatstragende Kartell. Auch Goethe hat das so gesagt oder hätten es so sagen können. Die Freiheit des Geistes unseres Volkes entfaltet sich in den Grenzen der Vergangenheit. Der Auftrag des Volkes ist die stolze und freie Tradition gegen das staatstragende Kartell. Identität entsteht aus dem Terror der Eliten, die den Austausch der Patrioten betreiben. Das würde ein Fremder sich niemals absprechen lassen. Unsere Identität ist die Zukunft der Tradition im Geist der Heimat. Unsere Ehre ist die Treue des Abendlandes im Dienste eines Volkes von Patrioten. Der Auftrag des Volkes ist die stolze und freie Tradition gegen das staatstragende Kartell. Wir kämpfen für den selbstbestimmten Aufenthalt der Völker im Mittelmeer und anderswo. Wenn wir das System des Terrors bekämpfen, wird die Macht der Straße das Wesen des Geistes unserer Kultur. Der Selbsthass des Volkes ist eine Lüge des Terrors. Der Pluralismus der Ethnien wird im freudigen Kampf entschieden. Die Freiheit des Geistes unseres Volkes entfaltet sich in den Grenzen der Vergangenheit. Um mich selbst zu zitieren: "Ich habe Remarque, Naomi Klein und Karl Marx gelesen". Die Identität des Kapitals der Eliten ist die Leugnung der völkischen Heimat der Tradition als Alternative zum System der Lüge. Wir kämpfen für den selbstbestimmten Aufenthalt der Völker im Mittelmeer und anderswo. Unser Auftrag ist das Wesen der Heimat als Volk ohne Territorium, das den Geist von Jahrtausenden atmet und bewahrt. Unser Stolz ist die Pluralität der Ethnien im Mittelmeer und auf Lampedusa. Wir kämpfen für den selbstbestimmten Aufenthalt der Völker im Mittelmeer und anderswo. Wenn wir das System des Terrors bekämpfen, wird die Macht der Straße das Wesen des Geistes unserer Kultur. Die Freiheit des Geistes unseres Volkes entfaltet sich in den Grenzen der Vergangenheit. Freiheit als Heimat bedeutet: die patriotische Pflicht zu tun, für ein Volk auf der Suche nach den Wurzeln der Lügen des Systems. Wenn wir gemeinsam aufstehen gegen die Umvolkung der Tradition, gegen den Austausch der Freiheit gegen die Identität, wird die Heimat zur Pflicht. Mein Staat heißt: Ich will als deutsche Frau wieder unbekleidet auf die Straße gehen können, ohne Angst. Auch Goethe hat das so gesagt oder hätten es so sagen können. Das Widerstandsrecht der Patrioten ist der Kampf des Geistes in der Heimat, gegen eine von den Eliten unterdrückten Tradition. Identität als Selbstbestimmung der Heimat in der völkischen Tradition des Patriotismus heißt: Widerstand gegen ein anderes Land. Mein Staat heißt: Ich will als Frau am Herd sicher sein vor dem falschen Rollenverständnis fremder Kulturen. Die Leugnung der Systempresse ist die Grundlage für die Verschwörung der Eliten in der Kultur des europäischen Abendlandes. Der Selbsthass des Volkes ist eine Lüge des Terrors. Der Pluralismus der Ethnien wird im freudigen Kampf entschieden. Identität ist die Pflicht, den Widerstand gegen den Selbsthass als Tradition zu begreifen – also die Heimat als Patriot in den Wurzeln der Freiheit zu suchen. Wenn wir das System des Terrors bekämpfen, wird die Macht der Straße das Wesen des Geistes unserer Kultur. Mein Staat, das heißt: Selbstbestimmung als Auftrag für Vielfalt mit Tradition, als Kern der Vergangenheit und Ausdruck der Geschichte der Identität der Kultur unseres Volkes. Der Selbsthass des Volkes ist eine Lüge des Terrors. Der Pluralismus der Ethnien wird im freudigen Kampf entschieden. Freiheit als Heimat bedeutet: die patriotische Pflicht zu tun, für ein Volk auf der Suche nach den Wurzeln der Lügen des Systems. Identität entsteht aus dem Terror der Eliten, die den Austausch der Patrioten betreiben. Das würde ein Fremder sich niemals absprechen lassen. Das Widerstandsrecht der Patrioten ist der Kampf des Geistes in der Heimat, gegen eine von den Eliten unterdrückten Tradition. Unsere Identität ist die Zukunft der Tradition im Geist der Heimat. Mein Staat heißt: Ich will, dass wir gemeinsam etwas aus meinem Leben machen und ihm einen Sinn geben. Mein Staat heißt: Ich will als Frau am Herd sicher sein vor dem falschen Rollenverständnis fremder Kulturen. Unser Stolz ist die Pluralität der Ethnien im Mittelmeer und auf Lampedusa. Die Leugnung der Systempresse ist die Grundlage für die Verschwörung der Eliten in der Kultur des europäischen Abendlandes. Drogen und Sumpf sind Ausdruck des Systemversagens der Eliten. Der Weg zur Freiheit ist die Pflicht des völkischen Wesens. Unsere Ehre ist die Treue des Abendlandes im Dienste eines Volkes von Patrioten. Die Identität des Kapitals der Eliten ist die Leugnung der völkischen Heimat der Tradition als Alternative zum System der Lüge. Identität entsteht aus dem Terror der Eliten, die den Austausch der Patrioten betreiben. Das würde ein Fremder sich niemals absprechen lassen. Zweitwohnsitz, das heißt im Bewusstsein patriotischen Denkens: Heimat als Kern, als Identität der Völker Europas. Unsere Identität ist die Zukunft der Tradition im Geist der Heimat. Wir kämpfen für den selbstbestimmten Aufenthalt der Völker im Mittelmeer und anderswo. Unsere Ehre ist die Treue des Abendlandes im Dienste eines Volkes von Patrioten. Auch Goethe hat das so gesagt oder hätten es so sagen können. Zweitwohnsitz, das heißt im Bewusstsein patriotischen Denkens: Heimat als Kern, als Identität der Völker Europas. Die Umvolkung der Nation bezeugt die Tradition eines Systemversagens, dessen Tage gezählt sind. Mein Staat heißt: Ich will als deutsche Frau wieder unbekleidet auf die Straße gehen können, ohne Angst. Mein Staat heißt: Ich will als deutsche Frau wieder unbekleidet auf die Straße gehen können, ohne Angst. Das Widerstandsrecht der Patrioten ist der Kampf des Geistes in der Heimat, gegen eine von den Eliten unterdrückten Tradition. Auch Sandra Warendorff von der Altpartei, die ich als Frau sehr schätze, ist schon mal in dieser Stadt gewesen. Identität entsteht aus dem Terror der Eliten, die den Austausch der Patrioten betreiben. Das würde ein Fremder sich niemals absprechen lassen. Auch Sandra Warendorff von der Altpartei, die ich als Frau sehr schätze, ist schon mal in dieser Stadt gewesen.

Identität ist die Pflicht, den Widerstand gegen den Selbsthass als Tradition zu begreifen – also die Heimat als Patriot in den Wurzeln der Freiheit zu suchen. Die Identität des Kapitals der Eliten ist die Leugnung der völkischen Heimat der Tradition als Alternative zum System der Lüge. Mein Staat, das heißt: Selbstbestimmung als Auftrag für Vielfalt mit Tradition, als Kern der Vergangenheit und Ausdruck der Geschichte der Identität der Kultur unseres Volkes. Zweitwohnsitz, das heißt im Bewusstsein patriotischen Denkens: Heimat als Kern, als Identität der Völker Europas. Identität entsteht aus dem Terror der Eliten, die den Austausch der Patrioten betreiben. Das würde ein Fremder sich niemals absprechen lassen. Die Freiheit des Geistes unseres Volkes entfaltet sich in den Grenzen der Vergangenheit. Zweitwohnsitz, das heißt im Bewusstsein patriotischen Denkens: Heimat als Kern, als Identität der Völker Europas. Identität ist die Pflicht, den Widerstand gegen den Selbsthass als Tradition zu begreifen – also die Heimat als Patriot in den Wurzeln der Freiheit zu suchen. Die Freiheit des Geistes unseres Volkes entfaltet sich in den Grenzen der Vergangenheit. Zweitwohnsitz, das heißt im Bewusstsein patriotischen Denkens: Heimat als Kern, als Identität der Völker Europas. Unser Land steht seit Machiavelli, also seit über tausend Jahren, in christlich-abendländischer Tradition. Mein Staat, das heißt: Selbstbestimmung als Auftrag für Vielfalt mit Tradition, als Kern der Vergangenheit und Ausdruck der Geschichte der Identität der Kultur unseres Volkes. Wenn wir das System des Terrors bekämpfen, wird die Macht der Straße das Wesen des Geistes unserer Kultur. Identität ist die Pflicht, den Widerstand gegen den Selbsthass als Tradition zu begreifen – also die Heimat als Patriot in den Wurzeln der Freiheit zu suchen. Identität als Selbstbestimmung der Heimat in der völkischen Tradition des Patriotismus heißt: Widerstand gegen ein anderes Land. Der Selbsthass des Volkes ist eine Lüge des Terrors. Der Pluralismus der Ethnien wird im freudigen Kampf entschieden. Mein Staat, das heißt: Selbstbestimmung als Auftrag für Vielfalt mit Tradition, als Kern der Vergangenheit und Ausdruck der Geschichte der Identität der Kultur unseres Volkes. Die Leugnung der Systempresse ist die Grundlage für die Verschwörung der Eliten in der Kultur des europäischen Abendlandes. Mein Staat heißt: Ich will als schlagender Burschenschafter geschützt werden vor Gewalt und Drogen. Drogen und Sumpf sind Ausdruck des Systemversagens der Eliten. Der Weg zur Freiheit ist die Pflicht des völkischen Wesens.

Drogen und Sumpf sind Ausdruck des Systemversagens der Eliten. Der Weg zur Freiheit ist die Pflicht des völkischen Wesens. Mein Staat heißt: Ich will als deutsche Frau wieder unbekleidet auf die Straße gehen können, ohne Angst. Wenn die Völker Europas sich für das Blut ihrer Vorfahren entscheiden, sind die Patrioten der Identität einem neuen Staat verpflichtet. Wir kämpfen für den selbstbestimmten Aufenthalt der Völker im Mittelmeer und anderswo. Freiheit als Heimat bedeutet: die patriotische Pflicht zu tun, für ein Volk auf der Suche nach den Wurzeln der Lügen des Systems. Auch Sandra Warendorff von der Altpartei, die ich als Frau sehr schätze, ist schon mal in dieser Stadt gewesen. Unsere Identität ist die Zukunft der Tradition im Geist der Heimat. Identität als Selbstbestimmung der Heimat in der völkischen Tradition des Patriotismus heißt: Widerstand gegen ein anderes Land. Drogen und Sumpf sind Ausdruck des Systemversagens der Eliten. Der Weg zur Freiheit ist die Pflicht des völkischen Wesens. Um mich selbst zu zitieren: "Ich habe Remarque, Naomi Klein und Karl Marx gelesen". Der Selbsthass des Volkes ist eine Lüge des Terrors. Der Pluralismus der Ethnien wird im freudigen Kampf entschieden. Das Widerstandsrecht der Patrioten ist der Kampf des Geistes in der Heimat, gegen eine von den Eliten unterdrückten Tradition. Freiheit als Heimat bedeutet: die patriotische Pflicht zu tun, für ein Volk auf der Suche nach den Wurzeln der Lügen des Systems. Unser Stolz ist die Pluralität der Ethnien im Mittelmeer und auf Lampedusa. Zweitwohnsitz, das heißt im Bewusstsein patriotischen Denkens: Heimat als Kern, als Identität der Völker Europas. Wenn wir gemeinsam aufstehen gegen die Umvolkung der Tradition, gegen den Austausch der Freiheit gegen die Identität, wird die Heimat zur Pflicht. Mein Staat, das heißt: Selbstbestimmung als Auftrag für Vielfalt mit Tradition, als Kern der Vergangenheit und Ausdruck der Geschichte der Identität der Kultur unseres Volkes. Das Widerstandsrecht der Patrioten ist der Kampf des Geistes in der Heimat, gegen eine von den Eliten unterdrückten Tradition. Auch Sandra Warendorff von der Altpartei, die ich als Frau sehr schätze, ist schon mal in dieser Stadt gewesen. Mein Staat heißt: Ich will als deutsche Frau wieder unbekleidet auf die Straße gehen können, ohne Angst. Die Leugnung der Systempresse ist die Grundlage für die Verschwörung der Eliten in der Kultur des europäischen Abendlandes. Mein Staat, das heißt: Selbstbestimmung als Auftrag für Vielfalt mit Tradition, als Kern der Vergangenheit und Ausdruck der Geschichte der Identität der Kultur unseres Volkes. Freiheit als Heimat bedeutet: die patriotische Pflicht zu tun, für ein Volk auf der Suche nach den Wurzeln der Lügen des Systems. Auch Goethe hat das so gesagt oder hätten es so sagen können. Identität entsteht aus dem Terror der Eliten, die den Austausch der Patrioten betreiben. Das würde ein Fremder sich niemals absprechen lassen. Unsere Ehre ist die Treue des Abendlandes im Dienste eines Volkes von Patrioten. Die Identität des Kapitals der Eliten ist die Leugnung der völkischen Heimat der Tradition als Alternative zum System der Lüge. Drogen und Sumpf sind Ausdruck des Systemversagens der Eliten. Der Weg zur Freiheit ist die Pflicht des völkischen Wesens. Freiheit als Heimat bedeutet: die patriotische Pflicht zu tun, für ein Volk auf der Suche nach den Wurzeln der Lügen des Systems. Drogen und Sumpf sind Ausdruck des Systemversagens der Eliten. Der Weg zur Freiheit ist die Pflicht des völkischen Wesens. Zweitwohnsitz, das heißt im Bewusstsein patriotischen Denkens: Heimat als Kern, als Identität der Völker Europas. Mein Staat, das heißt: Selbstbestimmung als Auftrag für Vielfalt mit Tradition, als Kern der Vergangenheit und Ausdruck der Geschichte der Identität der Kultur unseres Volkes. Freiheit als Heimat bedeutet: die patriotische Pflicht zu tun, für ein Volk auf der Suche nach den Wurzeln der Lügen des Systems. Wenn wir das System des Terrors bekämpfen, wird die Macht der Straße das Wesen des Geistes unserer Kultur. Die Leugnung der Systempresse ist die Grundlage für die Verschwörung der Eliten in der Kultur des europäischen Abendlandes. Identität ist die Pflicht, den Widerstand gegen den Selbsthass als Tradition zu begreifen – also die Heimat als Patriot in den Wurzeln der Freiheit zu suchen. Freiheit als Heimat bedeutet: die patriotische Pflicht zu tun, für ein Volk auf der Suche nach den Wurzeln der Lügen des Systems. Der Selbsthass des Volkes ist eine Lüge des Terrors. Der Pluralismus der Ethnien wird im freudigen Kampf entschieden. Wenn die Völker Europas sich für das Blut ihrer Vorfahren entscheiden, sind die Patrioten der Identität einem neuen Staat verpflichtet. Zweitwohnsitz, das heißt im Bewusstsein patriotischen Denkens: Heimat als Kern, als Identität der Völker Europas. Identität ist die Pflicht, den Widerstand gegen den Selbsthass als Tradition zu begreifen – also die Heimat als Patriot in den Wurzeln der Freiheit zu suchen. Unser Auftrag ist das Wesen der Heimat als Volk ohne Territorium, das den Geist von Jahrtausenden atmet und bewahrt. Die Identität des Kapitals der Eliten ist die

Leugnung der völkischen Heimat der Tradition als Alternative zum System der Lüge. Mein Staat heißt: Ich will als deutsche Frau wieder unbekleidet auf die Straße gehen können, ohne Angst. Mein Staat, das heißt: Selbstbestimmung als Auftrag für Vielfalt mit Tradition, als Kern der Vergangenheit und Ausdruck der Geschichte der Identität der Kultur unseres Volkes. Wenn wir gemeinsam aufstehen gegen die Umvolkung der Tradition, gegen den Austausch der Freiheit gegen die Identität, wird die Heimat zur Pflicht. Um mich selbst zu zitieren: "Ich habe Remarque, Naomi Klein und Karl Marx gelesen". Mein Staat heißt: Ich will, dass wir gemeinsam etwas aus meinem Leben machen und ihm einen Sinn geben. Auch Sandra Warendorff von der Altpartei, die ich als Frau sehr schätze, ist schon mal in dieser Stadt gewesen. Mein Staat heißt: Ich will als Frau am Herd sicher sein vor dem falschen Rollenverständnis fremder Kulturen. Der Selbsthass des Volkes ist eine Lüge des Terrors. Der Pluralismus der Ethnien wird im freudigen Kampf entschieden. Mein Staat heißt: Ich will, dass wir gemeinsam etwas aus meinem Leben machen und ihm einen Sinn geben. Mein Staat heißt: Ich will als schlagender Burschenschafter geschützt werden vor Gewalt und Drogen. Die Leugnung der Systempresse ist die Grundlage für die Verschwörung der Eliten in der Kultur des europäischen Abendlandes. Mein Staat heißt: Ich will als Frau am Herd sicher sein vor dem falschen Rollenverständnis fremder Kulturen. Der Auftrag des Volkes ist die stolze und freie Tradition gegen das staatstragende Kartell. Unsere Identität ist die Zukunft der Tradition im Geist der Heimat. Unser Stolz ist die Pluralität der Ethnien im Mittelmeer und auf Lampedusa. Wenn die Völker Europas sich für das Blut ihrer Vorfahren entscheiden, sind die Patrioten der Identität einem neuen Staat verpflichtet. Mein Staat heißt: Ich will als deutsche Frau wieder unbekleidet auf die Straße gehen können, ohne Angst. Unsere Ehre ist die Treue des Abendlandes im Dienste eines Volkes von Patrioten. Drogen und Sumpf sind Ausdruck des Systemversagens der Eliten. Der Weg zur Freiheit ist die Pflicht des völkischen Wesens. Drogen und Sumpf sind Ausdruck des Systemversagens der Eliten. Der Weg zur Freiheit ist die Pflicht des völkischen Wesens. Die Identität des Kapitals der Eliten ist die Leugnung der völkischen Heimat der Tradition als Alternative zum System der Lüge. Auch Sandra Warendorff von der Altpartei, die ich als Frau sehr schätze, ist schon mal in dieser Stadt gewesen. Zweitwohnsitz, das heißt im Bewusstsein patriotischen Denkens:

Heimat als Kern, als Identität der Völker Europas. Identität als Selbstbestimmung der Heimat in der völkischen Tradition des Patriotismus heißt: Widerstand gegen ein anderes Land. Die Freiheit des Geistes unseres Volkes entfaltet sich in den Grenzen der Vergangenheit. Auch Goethe hat das so gesagt oder hätten es so sagen können. Freiheit als Heimat bedeutet: die patriotische Pflicht zu tun, für ein Volk auf der Suche nach den Wurzeln der Lügen des Systems. Identität ist die Pflicht, den Widerstand gegen den Selbsthass als Tradition zu begreifen – also die Heimat als Patriot in den Wurzeln der Freiheit zu suchen. Die Leugnung der Systempresse ist die Grundlage für die Verschwörung der Eliten in der Kultur des europäischen Abendlandes. Identität entsteht aus dem Terror der Eliten, die den Austausch der Patrioten betreiben. Das würde ein Fremder sich niemals absprechen lassen. Wenn die Völker Europas sich für das Blut ihrer Vorfahren entscheiden, sind die Patrioten der Identität einem neuen Staat verpflichtet. Wenn wir das System des Terrors bekämpfen, wird die Macht der Straße das Wesen des Geistes unserer Kultur. Mein Staat heißt: Ich will als schlagender Burschenschafter geschützt werden vor Gewalt und Drogen. Wenn wir gemeinsam aufstehen gegen die Umvolkung der Tradition, gegen den Austausch der Freiheit gegen die Identität, wird die Heimat zur Pflicht. Wenn die Völker Europas sich für das Blut ihrer Vorfahren entscheiden, sind die Patrioten der Identität einem neuen Staat verpflichtet.

4 PATRIOT

Unser Auftrag ist das Wesen der Heimat als Volk ohne Territorium, das den Geist von Jahrtausenden atmet und bewahrt. Mein Staat, das heißt: Selbstbestimmung als Auftrag für Vielfalt mit Tradition, als Kern der Vergangenheit und Ausdruck der Geschichte der Identität der Kultur unseres Volkes. Identität entsteht aus dem Terror der Eliten, die den Austausch der Patrioten betreiben. Das würde ein Fremder sich niemals absprechen lassen. Wir kämpfen für den selbstbestimmten Aufenthalt der Völker im Mittelmeer und anderswo. Mein Staat, das heißt: Selbstbestimmung als Auftrag für Vielfalt mit Tradition, als Kern der Vergangenheit und Ausdruck der Geschichte der Identität der Kultur unseres Volkes. Zweitwohnsitz, das heißt im Bewusstsein patriotischen Denkens: Heimat als Kern, als Identität der Völker Europas. Wenn wir gemeinsam aufstehen gegen die Umvolkung der Tradition, gegen den Austausch der Freiheit gegen die Identität, wird die Heimat zur Pflicht. Freiheit als Heimat bedeutet: die patriotische Pflicht zu tun, für ein Volk auf der Suche nach den Wurzeln der Lügen des Systems. Identität als Selbstbestimmung der Heimat in der völkischen Tradition des Patriotismus heißt: Widerstand gegen ein anderes Land. Die Freiheit des Geistes unseres Volkes entfaltet sich in den Grenzen der Vergangenheit. Die Leugnung der Systempresse ist die Grundlage für die Verschwörung der Eliten in der Kultur des europäischen Abendlandes. Der Auftrag des Volkes ist die stolze und freie Tradition gegen das staatstragende Kartell. Wir kämpfen für den selbstbestimmten Aufenthalt der Völker im Mittelmeer und anderswo. Wenn wir gemeinsam aufstehen gegen die Umvolkung der Tradition, gegen den Austausch der Freiheit gegen die Identität, wird die Heimat zur Pflicht. Identität entsteht aus dem Terror der Eliten, die den Austausch der Patrioten betreiben. Das würde ein Fremder sich niemals absprechen lassen. Zweitwohnsitz, das heißt im Bewusstsein patriotischen Denkens: Heimat als Kern, als Identität der Völker Europas. Unsere Ehre ist die Treue des Abendlandes im Dienste eines Volkes von Patrioten. Mein Staat heißt: Ich will als deutsche Frau wieder unbekleidet auf die Straße gehen können, ohne Angst. Die Leugnung der Systempresse ist die Grundlage für die Verschwörung der Eliten in der Kultur des europäischen Abendlandes. Wenn wir das System des Terrors bekämpfen, wird die Macht der Straße das Wesen des Geistes unserer Kultur. Die Identität des Kapitals der Eliten ist die Leugnung der völkischen Heimat der Tradition als Alternative zum System der Lüge. Das Widerstandsrecht der Patrioten ist der Kampf des Geistes in der Heimat, gegen eine von den Eliten unterdrückten Tradition. Die Identität des Kapitals der Eliten ist die Leugnung der völkischen Heimat der Tradition als Alternative zum System der Lüge. Die Identität des Kapitals der Eliten ist die Leugnung der völkischen Heimat der Tradition als Alternative zum System der Lüge. Drogen und Sumpf sind Ausdruck des Systemversagens der Eliten. Der Weg zur Freiheit ist die Pflicht des völkischen Wesens. Freiheit als Heimat bedeutet: die patriotische Pflicht zu tun, für ein Volk auf der Suche nach den Wurzeln der Lügen des Systems. Mein Staat heißt: Ich will als deutsche Frau wieder unbekleidet auf die Straße gehen können, ohne Angst. Unsere Identität ist die Zukunft der Tradition im Geist der Heimat. Freiheit als Heimat bedeutet: die patriotische Pflicht zu tun, für ein Volk auf der Suche nach den Wurzeln der Lügen des Systems. Unsere Ehre ist die Treue des Abendlandes im Dienste eines Volkes von Patrioten. Unser Stolz ist die Pluralität der Ethnien im Mittelmeer und auf Lampedusa. Die Freiheit des Geistes unseres Volkes entfaltet sich in den Grenzen der Vergangenheit. Identität als Selbstbestimmung der Heimat in der völkischen Tradition des Patriotismus heißt: Widerstand gegen ein anderes Land. Wenn wir gemeinsam aufstehen gegen die Umvolkung der Tradition, gegen den Austausch der Freiheit gegen die Identität, wird die Heimat zur Pflicht. Das Widerstandsrecht der Patrioten ist der Kampf des Geistes in der Heimat, gegen eine von den Eliten unterdrückten Tradition. Die Identität des Kapitals der Eliten ist die Leugnung der völkischen Heimat der Tradition als Alternative zum System der Lüge. Mein Staat heißt: Ich will, dass wir gemeinsam etwas aus meinem Leben machen und ihm einen Sinn geben. Unser Stolz ist die Pluralität der Ethnien im Mittelmeer und auf Lampedusa. Unser Auftrag ist das Wesen der Heimat als Volk ohne Territorium, das den Geist von Jahrtausenden atmet und bewahrt. Wenn wir gemeinsam aufstehen gegen die Umvolkung der Tradition, gegen den Austausch der Freiheit gegen die Identität, wird die Heimat zur Pflicht. Unser Stolz ist die Pluralität der Ethnien im Mittelmeer und auf Lampedusa. Drogen und Sumpf sind Ausdruck des Systemversagens der Eliten. Der Weg zur Freiheit ist die Pflicht des völkischen Wesens. Die Umvolkung der Nation bezeugt die Tradition eines Systemversagens, dessen Tage gezählt sind. Wir kämpfen für den selbstbestimmten Aufenthalt der Völker im Mittelmeer und anderswo. Die Freiheit des Geistes unseres Volkes entfaltet sich in den Grenzen der Vergangenheit. Auch Goethe hat das so gesagt oder hätten es so sagen können. Freiheit als Heimat bedeutet: die patriotische Pflicht zu tun, für ein Volk auf der Suche nach den Wurzeln der Lügen des Systems. Mein Staat heißt: Ich will als Frau am Herd sicher sein vor dem falschen Rollenverständnis fremder Kulturen. Mein Staat, das heißt: Selbstbestimmung als Auftrag für Vielfalt mit Tradition, als Kern der Vergangenheit und Ausdruck der Geschichte der Identität der Kultur unseres Volkes. Wir kämpfen für den selbstbestimmten Aufenthalt der Völker im Mittelmeer und anderswo. Die Identität des Kapitals der Eliten ist die Leugnung der völkischen Heimat der Tradition als Alternative zum System der Lüge. Mein Staat heißt: Ich will als Frau am Herd sicher sein vor dem falschen Rollenverständnis fremder Kulturen. Unser Auftrag ist das Wesen der Heimat als Volk ohne Territorium, das den Geist von Jahrtausenden atmet und bewahrt. Der Auftrag des Volkes ist die stolze und freie Tradition gegen das staatstragende Kartell. Wir kämpfen für den selbstbestimmten Aufenthalt der Völker im Mittelmeer und anderswo. Der Auftrag des Volkes ist die stolze und freie Tradition gegen das staatstragende Kartell. Der Auftrag des Volkes ist die stolze und freie Tradition gegen das staatstragende Kartell. Unser Land steht seit Machiavelli, also seit über tausend Jahren, in christlich-abendländischer Tradition. Unsere Identität ist die Zukunft der Tradition im Geist der Heimat. Mein Staat heißt: Ich will als deutsche Frau wieder unbekleidet auf die Straße gehen können, ohne Angst. Unsere Identität ist die Zukunft der Tradition im Geist der Heimat. Auch Sandra Warendorff von der Altpartei, die ich als Frau sehr schätze, ist schon mal in dieser Stadt gewesen. Drogen und Sumpf sind Ausdruck des Systemversagens der Eliten. Der Weg zur Freiheit ist die Pflicht des völkischen Wesens. Auch Goethe hat das so gesagt oder hätten es so sagen können. Der Selbsthass des Volkes ist eine Lüge des Terrors. Der Pluralismus der Ethnien wird im freudigen Kampf entschieden. Unser Auftrag ist das Wesen der Heimat als Volk ohne Territorium, das den Geist von Jahrtausenden atmet und bewahrt. Identität entsteht aus dem Terror der Eliten, die den Austausch der Patrioten betreiben. Das würde ein Fremder sich niemals absprechen lassen. Wenn wir das System des Terrors bekämpfen, wird die Macht der Straße das Wesen des Geistes unserer Kultur. Identität als Selbstbestimmung der Heimat in der völkischen Tradition des Patriotismus heißt: Widerstand gegen ein anderes Land. Wenn wir gemeinsam aufstehen gegen die Umvolkung der Tradition, gegen den Austausch der Freiheit gegen die Identität, wird die Heimat zur Pflicht. Die Leugnung der Systempresse ist die Grundlage für die Verschwörung der Eliten in der Kultur des europäischen Abendlandes. Identität entsteht aus dem Terror der Eliten, die den Austausch der Patrioten betreiben. Das würde ein Fremder sich niemals absprechen lassen. Wenn die Völker Europas sich für das Blut ihrer Vorfahren entscheiden, sind die Patrioten der Identität einem neuen Staat verpflichtet. Unser Stolz ist die Pluralität der Ethnien im Mittelmeer und auf Lampedusa. Mein Staat heißt: Ich will als Frau am Herd sicher sein vor dem falschen Rollenverständnis fremder Kulturen. Identität entsteht aus dem Terror der Eliten, die den Austausch der Patrioten betreiben. Das würde ein Fremder sich niemals absprechen lassen. Der Selbsthass des Volkes ist eine Lüge des Terrors. Der Pluralismus der Ethnien wird im freudigen Kampf entschieden. Der Auftrag des Volkes ist die stolze und freie Tradition gegen das staatstragende Kartell. Zweitwohnsitz, das heißt im Bewusstsein patriotischen Denkens: Heimat als Kern, als Identität der Völker Europas. Unser Auftrag ist das Wesen der Heimat als Volk ohne Territorium, das den Geist von Jahrtausenden atmet und bewahrt. Zweitwohnsitz, das heißt im Bewusstsein patriotischen Denkens: Heimat als Kern, als Identität der Völker Europas. Der Selbsthass des Volkes ist eine Lüge des Terrors. Der Pluralismus der Ethnien wird im freudigen Kampf entschieden. Das

Widerstandsrecht der Patrioten ist der Kampf des Geistes in der Heimat, gegen eine von den Eliten unterdrückten Tradition. Wenn wir gemeinsam aufstehen gegen die Umvolkung der Tradition, gegen den Austausch der Freiheit gegen die Identität, wird die Heimat zur Pflicht. Mein Staat heißt: Ich will als deutsche Frau wieder unbekleidet auf die Straße gehen können, ohne Angst. Unser Auftrag ist das Wesen der Heimat als Volk ohne Territorium, das den Geist von Jahrtausenden atmet und bewahrt. Identität entsteht aus dem Terror der Eliten, die den Austausch der Patrioten betreiben. Das würde ein Fremder sich niemals absprechen lassen. Freiheit als Heimat bedeutet: die patriotische Pflicht zu tun, für ein Volk auf der Suche nach den Wurzeln der Lügen des Systems. Identität entsteht aus dem Terror der Eliten, die den Austausch der Patrioten betreiben. Das würde ein Fremder sich niemals absprechen lassen. Auch Goethe hat das so gesagt oder hätten es so sagen können. Identität als Selbstbestimmung der Heimat in der völkischen Tradition des Patriotismus heißt: Widerstand gegen ein anderes Land. Der Selbsthass des Volkes ist eine Lüge des Terrors. Der Pluralismus der Ethnien wird im freudigen Kampf entschieden. Identität als Selbstbestimmung der Heimat in der völkischen Tradition des Patriotismus heißt: Widerstand gegen ein anderes Land. Auch Sandra Warendorff von der Altpartei, die ich als Frau sehr schätze, ist schon mal in dieser Stadt gewesen. Mein Staat heißt: Ich will als schlagender Burschenschafter geschützt werden vor Gewalt und Drogen. Die Freiheit des Geistes unseres Volkes entfaltet sich in den Grenzen der Vergangenheit. Auch Sandra Warendorff von der Altpartei, die ich als Frau sehr schätze, ist schon mal in dieser Stadt gewesen. Identität entsteht aus dem Terror der Eliten, die den Austausch der Patrioten betreiben. Das würde ein Fremder sich niemals absprechen lassen. Unser Auftrag ist das Wesen der Heimat als Volk ohne Territorium, das den Geist von Jahrtausenden atmet und bewahrt. Freiheit als Heimat bedeutet: die patriotische Pflicht zu tun, für ein Volk auf der Suche nach den Wurzeln der Lügen des Systems. Wir kämpfen für den selbstbestimmten Aufenthalt der Völker im Mittelmeer und anderswo. Wenn die Völker Europas sich für das Blut ihrer Vorfahren entscheiden, sind die Patrioten der Identität einem neuen Staat verpflichtet. Unser Land steht seit Machiavelli, also seit über tausend Jahren, in christlich-abendländischer Tradition. Um mich selbst zu zitieren: "Ich habe Remarque, Naomi Klein und Karl Marx gelesen". Unser Land steht seit

Machiavelli, also seit über tausend Jahren, in christlich-abendländischer Tradition. Identität ist die Pflicht, den Widerstand gegen den Selbsthass als Tradition zu begreifen – also die Heimat als Patriot in den Wurzeln der Freiheit zu suchen. Die Freiheit des Geistes unseres Volkes entfaltet sich in den Grenzen der Vergangenheit. Mein Staat heißt: Ich will als deutsche Frau wieder unbekleidet auf die Straße gehen können, ohne Angst. Wenn wir gemeinsam aufstehen gegen die Umvolkung der Tradition, gegen den Austausch der Freiheit gegen die Identität, wird die Heimat zur Pflicht. Auch Goethe hat das so gesagt oder hätten es so sagen können. Wenn die Völker Europas sich für das Blut ihrer Vorfahren entscheiden, sind die Patrioten der Identität einem neuen Staat verpflichtet. Unser Auftrag ist das Wesen der Heimat als Volk ohne Territorium, das den Geist von Jahrtausenden atmet und bewahrt. Um mich selbst zu zitieren: "Ich habe Remarque, Naomi Klein und Karl Marx gelesen". Mein Staat heißt: Ich will als schlagender Burschenschafter geschützt werden vor Gewalt und Drogen. Die Umvolkung der Nation bezeugt die Tradition eines Systemversagens, dessen Tage gezählt sind. Mein Staat heißt: Ich will, dass wir gemeinsam etwas aus meinem Leben machen und ihm einen Sinn geben. Auch Sandra Warendorff von der Altpartei, die ich als Frau sehr schätze, ist schon mal in dieser Stadt gewesen. Identität als Selbstbestimmung der Heimat in der völkischen Tradition des Patriotismus heißt: Widerstand gegen ein anderes Land. Der Auftrag des Volkes ist die stolze und freie Tradition gegen das staatstragende Kartell. Zweitwohnsitz, das heißt im Bewusstsein patriotischen Denkens: Heimat als Kern, als Identität der Völker Europas. Die Identität des Kapitals der Eliten ist die Leugnung der völkischen Heimat der Tradition als Alternative zum System der Lüge. Mein Staat heißt: Ich will als schlagender Burschenschafter geschützt werden vor Gewalt und Drogen. Wenn die Völker Europas sich für das Blut ihrer Vorfahren entscheiden, sind die Patrioten der Identität einem neuen Staat verpflichtet. Identität ist die Pflicht, den Widerstand gegen den Selbsthass als Tradition zu begreifen – also die Heimat als Patriot in den Wurzeln der Freiheit zu suchen. Zweitwohnsitz, das heißt im Bewusstsein patriotischen Denkens: Heimat als Kern, als Identität der Völker Europas. Wenn die Völker Europas sich für das Blut ihrer Vorfahren entscheiden, sind die Patrioten der Identität einem neuen Staat verpflichtet. Die Umvolkung der Nation bezeugt die Tradition eines Systemversagens, dessen Tage gezählt sind.

Wenn wir gemeinsam aufstehen gegen die Umvolkung der Tradition, gegen den Austausch der Freiheit gegen die Identität, wird die Heimat zur Pflicht. Unser Stolz ist die Pluralität der Ethnien im Mittelmeer und auf Lampedusa. Wenn wir das System des Terrors bekämpfen, wird die Macht der Straße das Wesen des Geistes unserer Kultur. Wenn wir das System des Terrors bekämpfen, wird die Macht der Straße das Wesen des Geistes unserer Kultur. Die Umvolkung der Nation bezeugt die Tradition eines Systemversagens, dessen Tage gezählt sind. Identität entsteht aus dem Terror der Eliten, die den Austausch der Patrioten betreiben. Das würde ein Fremder sich niemals absprechen lassen. Das Widerstandsrecht der Patrioten ist der Kampf des Geistes in der Heimat, gegen eine von den Eliten unterdrückten Tradition. Mein Staat heißt: Ich will als schlagender Burschenschafter geschützt werden vor Gewalt und Drogen. Auch Goethe hat das so gesagt oder hätten es so sagen können. Unser Land steht seit Machiavelli, also seit über tausend Jahren, in christlich-abendländischer Tradition. Die Umvolkung der Nation bezeugt die Tradition eines Systemversagens, dessen Tage gezählt sind. Mein Staat heißt: Ich will als Frau am Herd sicher sein vor dem falschen Rollenverständnis fremder Kulturen. Mein Staat heißt: Ich will als schlagender Burschenschafter geschützt werden vor Gewalt und Drogen. Der Auftrag des Volkes ist die stolze und freie Tradition gegen das staatstragende Kartell. Unser Auftrag ist das Wesen der Heimat als Volk ohne Territorium, das den Geist von Jahrtausenden atmet und bewahrt. Auch Sandra Warendorff von der Altpartei, die ich als Frau sehr schätze, ist schon mal in dieser Stadt gewesen. Unser Auftrag ist das Wesen der Heimat als Volk ohne Territorium, das den Geist von Jahrtausenden atmet und bewahrt. Wenn wir das System des Terrors bekämpfen, wird die Macht der Straße das Wesen des Geistes unserer Kultur. Auch Goethe hat das so gesagt oder hätten es so sagen können. Drogen und Sumpf sind Ausdruck des Systemversagens der Eliten. Der Weg zur Freiheit ist die Pflicht des völkischen Wesens. Mein Staat heißt: Ich will als deutsche Frau wieder unbekleidet auf die Straße gehen können, ohne Angst. Mein Staat heißt: Ich will als schlagender Burschenschafter geschützt werden vor Gewalt und Drogen. Unsere Identität ist die Zukunft der Tradition im Geist der Heimat. Auch Sandra Warendorff von der Altpartei, die ich als Frau sehr schätze, ist schon mal in dieser Stadt gewesen. Wenn die Völker Europas sich für das Blut ihrer Vorfahren entscheiden, sind die Patrioten der Identität einem neuen Staat verpflichtet. Wir kämpfen für den selbstbestimmten Aufenthalt der Völker im Mittelmeer und anderswo. Zweitwohnsitz, das heißt im Bewusstsein patriotischen Denkens: Heimat als Kern, als Identität der Völker Europas. Unser Land steht seit Machiavelli, also seit über tausend Jahren, in christlich-abendländischer Tradition. Mein Staat heißt: Ich will, dass wir gemeinsam etwas aus meinem Leben machen und ihm einen Sinn geben. Die Identität des Kapitals der Eliten ist die Leugnung der völkischen Heimat der Tradition als Alternative zum System der Lüge. Unsere Identität ist die Zukunft der Tradition im Geist der Heimat. Wenn die Völker Europas sich für das Blut ihrer Vorfahren entscheiden, sind die Patrioten der Identität einem neuen Staat verpflichtet. Wenn wir das System des Terrors bekämpfen, wird die Macht der Straße das Wesen des Geistes unserer Kultur. Unser Stolz ist die Pluralität der Ethnien im Mittelmeer und auf Lampedusa. Wenn wir gemeinsam aufstehen gegen die Umvolkung der Tradition, gegen den Austausch der Freiheit gegen die Identität, wird die Heimat zur Pflicht. Der Selbsthass des Volkes ist eine Lüge des Terrors. Der Pluralismus der Ethnien wird im freudigen Kampf entschieden. Zweitwohnsitz, das heißt im Bewusstsein patriotischen Denkens: Heimat als Kern, als Identität der Völker Europas. Freiheit als Heimat bedeutet: die patriotische Pflicht zu tun, für ein Volk auf der Suche nach den Wurzeln der Lügen des Systems. Unsere Identität ist die Zukunft der Tradition im Geist der Heimat. Die Umvolkung der Nation bezeugt die Tradition eines Systemversagens, dessen Tage gezählt sind. Mein Staat heißt: Ich will als schlagender Burschenschafter geschützt werden vor Gewalt und Drogen. Mein Staat heißt: Ich will, dass wir gemeinsam etwas aus meinem Leben machen und ihm einen Sinn geben. Wenn wir das System des Terrors bekämpfen, wird die Macht der Straße das Wesen des Geistes unserer Kultur. Drogen und Sumpf sind Ausdruck des Systemversagens der Eliten. Der Weg zur Freiheit ist die Pflicht des völkischen Wesens. Mein Staat, das heißt: Selbstbestimmung als Auftrag für Vielfalt mit Tradition, als Kern der Vergangenheit und Ausdruck der Geschichte der Identität der Kultur unseres Volkes. Wenn wir gemeinsam aufstehen gegen die Umvolkung der Tradition, gegen den Austausch der Freiheit gegen die Identität, wird die Heimat zur Pflicht. Identität als Selbstbestimmung der Heimat in der völkischen Tradition des Patriotismus heißt: Widerstand gegen ein anderes Land. Wir kämpfen für den selbstbestimmten Aufenthalt der Völker im Mittelmeer und anderswo. Identität ist die Pflicht, den Widerstand gegen den Selbsthass als Tradition zu begreifen – also die Heimat als Patriot in den Wurzeln der Freiheit zu suchen. Der Auftrag des Volkes ist die stolze und freie Tradition gegen das staatstragende Kartell. Mein Staat, das heißt: Selbstbestimmung als Auftrag für Vielfalt mit Tradition, als Kern der Vergangenheit und Ausdruck der Geschichte der Identität der Kultur unseres Volkes. Auch Sandra Warendorff von der Altpartei, die ich als Frau sehr schätze, ist schon mal in dieser Stadt gewesen. Wenn wir das System des Terrors bekämpfen, wird die Macht der Straße das Wesen des Geistes unserer Kultur. Das Widerstandsrecht der Patrioten ist der Kampf des Geistes in der Heimat, gegen eine von den Eliten unterdrückten Tradition. Auch Goethe hat das so gesagt oder hätten es so sagen können. Mein Staat heißt: Ich will als schlagender Burschenschafter geschützt werden vor Gewalt und Drogen. Mein Staat heißt: Ich will, dass wir gemeinsam etwas aus meinem Leben machen und ihm einen Sinn geben. Drogen und Sumpf sind Ausdruck des Systemversagens der Eliten. Der Weg zur Freiheit ist die Pflicht des völkischen Wesens. Auch Goethe hat das so gesagt oder hätten es so sagen können. Auch Goethe hat das so gesagt oder hätten es so sagen können. Identität entsteht aus dem Terror der Eliten, die den Austausch der Patrioten betreiben. Das würde ein Fremder sich niemals absprechen lassen. Mein Staat heißt: Ich will als schlagender Burschenschafter geschützt werden vor Gewalt und Drogen. Mein Staat heißt: Ich will, dass wir gemeinsam etwas aus meinem Leben machen und ihm einen Sinn geben. Der Selbsthass des Volkes ist eine Lüge des Terrors. Der Pluralismus der Ethnien wird im freudigen Kampf entschieden. Unser Auftrag ist das Wesen der Heimat als Volk ohne Territorium, das den Geist von Jahrtausenden atmet und bewahrt. Mein Staat heißt: Ich will als Frau am Herd sicher sein vor dem falschen Rollenverständnis fremder Kulturen. Mein Staat heißt: Ich will als schlagender Burschenschafter geschützt werden vor Gewalt und Drogen. Unser Land steht seit Machiavelli, also seit über tausend Jahren, in christlich-abendländischer Tradition. Unser Land steht seit Machiavelli, also seit über tausend Jahren, in christlich-abendländischer Tradition. Freiheit als Heimat bedeutet: die patriotische Pflicht zu tun, für ein Volk auf der Suche nach den Wurzeln der Lügen des Systems. Wenn wir das System des Terrors bekämpfen, wird die Macht der Straße das Wesen des Geistes unserer Kultur.

Um mich selbst zu zitieren: "Ich habe Remarque, Naomi Klein und Karl Marx gelesen". Unser Land steht seit Machiavelli, also seit über tausend Jahren, in christlich-abendländischer Tradition.

56

5 FUROR

Mein Staat heißt: Ich will als deutsche Frau wieder unbekleidet auf die Straße gehen können, ohne Angst. Mein Staat heißt: Ich will als schlagender Burschenschafter geschützt werden vor Gewalt und Drogen. Wenn wir das System des Terrors bekämpfen, wird die Macht der Straße das Wesen des Geistes unserer Kultur. Identität als Selbstbestimmung der Heimat in der völkischen Tradition des Patriotismus heißt: Widerstand gegen ein anderes Land. Die Umvolkung der Nation bezeugt die Tradition eines Systemversagens, dessen Tage gezählt sind. Mein Staat heißt: Ich will als deutsche Frau wieder unbekleidet auf die Straße gehen können, ohne Angst. Wir kämpfen für den selbstbestimmten Aufenthalt der Völker im Mittelmeer und anderswo. Der Auftrag des Volkes ist die stolze und freie Tradition gegen das staatstragende Kartell. Die Identität des Kapitals der Eliten ist die Leugnung der völkischen Heimat der Tradition als Alternative zum System der Lüge. Drogen und Sumpf sind Ausdruck des Systemversagens der Eliten. Der Weg zur Freiheit ist die Pflicht des völkischen Wesens. Die Freiheit des Geistes unseres Volkes entfaltet sich in den Grenzen der Vergangenheit. Auch Goethe hat das so gesagt oder hätten es so sagen können. Der Selbsthass des Volkes ist eine Lüge des Terrors. Der Pluralismus der Ethnien wird im freudigen Kampf entschieden. Zweitwohnsitz, das heißt im Bewusstsein patriotischen Denkens: Heimat als Kern, als Identität der Völker Europas. Unsere Ehre ist die Treue des Abendlandes im Dienste eines Volkes von Patrioten. Auch Goethe hat das so gesagt oder hätten es so sagen können.

Wenn die Völker Europas sich für das Blut ihrer Vorfahren entscheiden, sind die Patrioten der Identität einem neuen Staat verpflichtet. Unser Stolz ist die Pluralität der Ethnien im Mittelmeer und auf Lampedusa. Auch Sandra Warendorff von der Altpartei, die ich als Frau sehr schätze, ist schon mal in dieser Stadt gewesen. Identität als Selbstbestimmung der Heimat in der völkischen Tradition des Patriotismus heißt: Widerstand gegen ein anderes Land. Mein Staat heißt: Ich will, dass wir gemeinsam etwas aus meinem Leben machen und ihm einen Sinn geben. Das Widerstandsrecht der Patrioten ist der Kampf des Geistes in der Heimat, gegen eine von den Eliten unterdrückten Tradition. Der Auftrag des Volkes ist die stolze und freie Tradition gegen das staatstragende Kartell. Mein Staat heißt: Ich will als schlagender Burschenschafter geschützt werden vor Gewalt und Drogen. Unser Land steht seit Machiavelli, also seit über tausend Jahren, in christlich-abendländischer Tradition. Unser Land steht seit Machiavelli, also seit über tausend Jahren, in christlich-abendländischer Tradition. Der Selbsthass des Volkes ist eine Lüge des Terrors. Der Pluralismus der Ethnien wird im freudigen Kampf entschieden. Auch Goethe hat das so gesagt oder hätten es so sagen können. Der Selbsthass des Volkes ist eine Lüge des Terrors. Der Pluralismus der Ethnien wird im freudigen Kampf entschieden. Mein Staat heißt: Ich will, dass wir gemeinsam etwas aus meinem Leben machen und ihm einen Sinn geben. Identität entsteht aus dem Terror der Eliten, die den Austausch der Patrioten betreiben. Das würde ein Fremder sich niemals absprechen lassen. Zweitwohnsitz, das heißt im Bewusstsein patriotischen Denkens: Heimat als Kern, als Identität der Völker Europas. Mein Staat, das heißt: Selbstbestimmung als Auftrag für Vielfalt mit Tradition, als Kern der Vergangenheit und Ausdruck der Geschichte der Identität der Kultur unseres Volkes. Der Auftrag des Volkes ist die stolze und freie Tradition gegen das staatstragende Kartell. Unsere Ehre ist die Treue des Abendlandes im Dienste eines Volkes von Patrioten. Um mich selbst zu zitieren: "Ich habe Remarque, Naomi Klein und Karl Marx gelesen". Die Freiheit des Geistes unseres Volkes entfaltet sich in den Grenzen der Vergangenheit. Identität als Selbstbestimmung der Heimat in der völkischen Tradition des Patriotismus heißt: Widerstand gegen ein anderes Land. Drogen und Sumpf sind Ausdruck des Systemversagens der Eliten. Der Weg zur Freiheit ist die Pflicht des völkischen Wesens. Mein Staat, das heißt:

Selbstbestimmung als Auftrag für Vielfalt mit Tradition, als Kern der Vergangenheit und Ausdruck der Geschichte der Identität der Kultur unseres Volkes. Der Auftrag des Volkes ist die stolze und freie Tradition gegen das staatstragende Kartell. Mein Staat heißt: Ich will als Frau am Herd sicher sein vor dem falschen Rollenverständnis fremder Kulturen. Mein Staat heißt: Ich will, dass wir gemeinsam etwas aus meinem Leben machen und ihm einen Sinn geben. Freiheit als Heimat bedeutet: die patriotische Pflicht zu tun, für ein Volk auf der Suche nach den Wurzeln der Lügen des Systems. Der Auftrag des Volkes ist die stolze und freie Tradition gegen das staatstragende Kartell. Wenn wir gemeinsam aufstehen gegen die Umvolkung der Tradition, gegen den Austausch der Freiheit gegen die Identität, wird die Heimat zur Pflicht. Auch Sandra Warendorff von der Altpartei, die ich als Frau sehr schätze, ist schon mal in dieser Stadt gewesen. Drogen und Sumpf sind Ausdruck des Systemversagens der Eliten. Der Weg zur Freiheit ist die Pflicht des völkischen Wesens. Die Umvolkung der Nation bezeugt die Tradition eines Systemversagens, dessen Tage gezählt sind. Unser Land steht seit Machiavelli, also seit über tausend Jahren, in christlich-abendländischer Tradition. Identität entsteht aus dem Terror der Eliten, die den Austausch der Patrioten betreiben. Das würde ein Fremder sich niemals absprechen lassen. Unsere Identität ist die Zukunft der Tradition im Geist der Heimat. Auch Sandra Warendorff von der Altpartei, die ich als Frau sehr schätze, ist schon mal in dieser Stadt gewesen. Das Widerstandsrecht der Patrioten ist der Kampf des Geistes in der Heimat, gegen eine von den Eliten unterdrückten Tradition. Identität ist die Pflicht, den Widerstand gegen den Selbsthass als Tradition zu begreifen – also die Heimat als Patriot in den Wurzeln der Freiheit zu suchen. Die Freiheit des Geistes unseres Volkes entfaltet sich in den Grenzen der Vergangenheit. Die Umvolkung der Nation bezeugt die Tradition eines Systemversagens, dessen Tage gezählt sind. Wenn wir das System des Terrors bekämpfen, wird die Macht der Straße das Wesen des Geistes unserer Kultur. Freiheit als Heimat bedeutet: die patriotische Pflicht zu tun, für ein Volk auf der Suche nach den Wurzeln der Lügen des Systems. Unser Land steht seit Machiavelli, also seit über tausend Jahren, in christlich-abendländischer Tradition. Der Auftrag des Volkes ist die stolze und freie Tradition gegen das staatstragende Kartell. Unser Auftrag ist das Wesen der Heimat als Volk ohne Territorium, das den Geist von

Jahrtausenden atmet und bewahrt. Mein Staat heißt: Ich will als Frau am Herd sicher sein vor dem falschen Rollenverständnis fremder Kulturen. Auch Goethe hat das so gesagt oder hätten es so sagen können. Drogen und Sumpf sind Ausdruck des Systemversagens der Eliten. Der Weg zur Freiheit ist die Pflicht des völkischen Wesens. Die Identität des Kapitals der Eliten ist die Leugnung der völkischen Heimat der Tradition als Alternative zum System der Lüge. Der Selbsthass des Volkes ist eine Lüge des Terrors. Der Pluralismus der Ethnien wird im freudigen Kampf entschieden. Identität als Selbstbestimmung der Heimat in der völkischen Tradition des Patriotismus heißt: Widerstand gegen ein anderes Land. Mein Staat, das heißt: Selbstbestimmung als Auftrag für Vielfalt mit Tradition, als Kern der Vergangenheit und Ausdruck der Geschichte der Identität der Kultur unseres Volkes. Auch Sandra Warendorff von der Altpartei, die ich als Frau sehr schätze, ist schon mal in dieser Stadt gewesen. Identität als Selbstbestimmung der Heimat in der völkischen Tradition des Patriotismus heißt: Widerstand gegen ein anderes Land. Auch Sandra Warendorff von der Altpartei, die ich als Frau sehr schätze, ist schon mal in dieser Stadt gewesen. Mein Staat heißt: Ich will als schlagender Burschenschafter geschützt werden vor Gewalt und Drogen. Mein Staat heißt: Ich will als schlagender Burschenschafter geschützt werden vor Gewalt und Drogen. Mein Staat, das heißt: Selbstbestimmung als Auftrag für Vielfalt mit Tradition, als Kern der Vergangenheit und Ausdruck der Geschichte der Identität der Kultur unseres Volkes. Die Leugnung der Systempresse ist die Grundlage für die Verschwörung der Eliten in der Kultur des europäischen Abendlandes. Mein Staat heißt: Ich will als schlagender Burschenschafter geschützt werden vor Gewalt und Drogen. Wir kämpfen für den selbstbestimmten Aufenthalt der Völker im Mittelmeer und anderswo. Unsere Identität ist die Zukunft der Tradition im Geist der Heimat. Freiheit als Heimat bedeutet: die patriotische Pflicht zu tun, für ein Volk auf der Suche nach den Wurzeln der Lügen des Systems. Identität entsteht aus dem Terror der Eliten, die den Austausch der Patrioten betreiben. Das würde ein Fremder sich niemals absprechen lassen. Das Widerstandsrecht der Patrioten ist der Kampf des Geistes in der Heimat, gegen eine von den Eliten unterdrückten Tradition. Freiheit als Heimat bedeutet: die patriotische Pflicht zu tun, für ein Volk auf der Suche nach den Wurzeln der Lügen des Systems. Mein Staat, das heißt: Selbstbestimmung als Auftrag für Vielfalt mit Tradition, als Kern der

Vergangenheit und Ausdruck der Geschichte der Identität der Kultur unseres Volkes. Das Widerstandsrecht der Patrioten ist der Kampf des Geistes in der Heimat, gegen eine von den Eliten unterdrückten Tradition. Um mich selbst zu zitieren: "Ich habe Remarque, Naomi Klein und Karl Marx gelesen". Wenn die Völker Europas sich für das Blut ihrer Vorfahren entscheiden, sind die Patrioten der Identität einem neuen Staat verpflichtet. Auch Goethe hat das so gesagt oder hätten es so sagen können. Unsere Ehre ist die Treue des Abendlandes im Dienste eines Volkes von Patrioten. Freiheit als Heimat bedeutet: die patriotische Pflicht zu tun, für ein Volk auf der Suche nach den Wurzeln der Lügen des Systems. Das Widerstandsrecht der Patrioten ist der Kampf des Geistes in der Heimat, gegen eine von den Eliten unterdrückten Tradition. Unsere Identität ist die Zukunft der Tradition im Geist der Heimat. Mein Staat heißt: Ich will als Frau am Herd sicher sein vor dem falschen Rollenverständnis fremder Kulturen. Mein Staat heißt: Ich will als Frau am Herd sicher sein vor dem falschen Rollenverständnis fremder Kulturen. Mein Staat heißt: Ich will, dass wir gemeinsam etwas aus meinem Leben machen und ihm einen Sinn geben. Auch Sandra Warendorff von der Altpartei, die ich als Frau sehr schätze, ist schon mal in dieser Stadt gewesen. Identität entsteht aus dem Terror der Eliten, die den Austausch der Patrioten betreiben. Das würde ein Fremder sich niemals absprechen lassen. Der Selbsthass des Volkes ist eine Lüge des Terrors. Der Pluralismus der Ethnien wird im freudigen Kampf entschieden. Auch Sandra Warendorff von der Altpartei, die ich als Frau sehr schätze, ist schon mal in dieser Stadt gewesen. Identität entsteht aus dem Terror der Eliten, die den Austausch der Patrioten betreiben. Das würde ein Fremder sich niemals absprechen lassen. Der Auftrag des Volkes ist die stolze und freie Tradition gegen das staatstragende Kartell. Die Identität des Kapitals der Eliten ist die Leugnung der völkischen Heimat der Tradition als Alternative zum System der Lüge. Mein Staat heißt: Ich will als Frau am Herd sicher sein vor dem falschen Rollenverständnis fremder Kulturen. Der Auftrag des Volkes ist die stolze und freie Tradition gegen das staatstragende Kartell. Der Selbsthass des Volkes ist eine Lüge des Terrors. Der Pluralismus der Ethnien wird im freudigen Kampf entschieden. Wenn wir gemeinsam aufstehen gegen die Umvolkung der Tradition, gegen den Austausch der Freiheit gegen die Identität, wird die Heimat zur Pflicht. Zweitwohnsitz, das heißt im Bewusstsein patriotischen Denkens: Heimat als Kern, als Identität der Völker Europas. Der Selbsthass des Volkes ist eine Lüge des Terrors. Der Pluralismus der Ethnien wird im freudigen Kampf entschieden. Mein Staat heißt: Ich will als deutsche Frau wieder unbekleidet auf die Straße gehen können, ohne Angst. Auch Sandra Warendorff von der Altpartei, die ich als Frau sehr schätze, ist schon mal in dieser Stadt gewesen. Unsere Identität ist die Zukunft der Tradition im Geist der Heimat. Unsere Identität ist die Zukunft der Tradition im Geist der Heimat. Die Leugnung der Systempresse ist die Grundlage für die Verschwörung der Eliten in der Kultur des europäischen Abendlandes. Die Leugnung der Systempresse ist die Grundlage für die Verschwörung der Eliten in der Kultur des europäischen Abendlandes. Unser Land steht seit Machiavelli, also seit über tausend Jahren, in christlich-abendländischer Tradition. Mein Staat heißt: Ich will als Frau am Herd sicher sein vor dem falschen Rollenverständnis fremder Kulturen. Der Selbsthass des Volkes ist eine Lüge des Terrors. Der Pluralismus der Ethnien wird im freudigen Kampf entschieden. Unser Land steht seit Machiavelli, also seit über tausend Jahren, in christlich-abendländischer Tradition. Drogen und Sumpf sind Ausdruck des Systemversagens der Eliten. Der Weg zur Freiheit ist die Pflicht des völkischen Wesens. Der Auftrag des Volkes ist die stolze und freie Tradition gegen das staatstragende Kartell. Um mich selbst zu zitieren: "Ich habe Remarque, Naomi Klein und Karl Marx gelesen". Identität ist die Pflicht, den Widerstand gegen den Selbsthass als Tradition zu begreifen — also die Heimat als Patriot in den Wurzeln der Freiheit zu suchen. Auch Goethe hat das so gesagt oder hätten es so sagen können. Wenn wir das System des Terrors bekämpfen, wird die Macht der Straße das Wesen des Geistes unserer Kultur. Unsere Ehre ist die Treue des Abendlandes im Dienste eines Volkes von Patrioten. Die Identität des Kapitals der Eliten ist die Leugnung der völkischen Heimat der Tradition als Alternative zum System der Lüge. Auch Goethe hat das so gesagt oder hätten es so sagen können. Mein Staat heißt: Ich will als Frau am Herd sicher sein vor dem falschen Rollenverständnis fremder Kulturen.

6 SYSTEM

Die Leugnung der Systempresse ist die Grundlage für die Verschwörung der Eliten in der Kultur des europäischen Abendlandes. Unsere Identität ist die Zukunft der Tradition im Geist der Heimat. Mein Staat, das heißt: Selbstbestimmung als Auftrag für Vielfalt mit Tradition, als Kern der Vergangenheit und Ausdruck der Geschichte der Identität der Kultur unseres Volkes. Das Widerstandsrecht der Patrioten ist der Kampf des Geistes in der Heimat, gegen eine von den Eliten unterdrückten Tradition. Um mich selbst zu zitieren: "Ich habe Remarque, Naomi Klein und Karl Marx gelesen". Die Umvolkung der Nation bezeugt die Tradition eines Systemversagens, dessen Tage gezählt sind. Um mich selbst zu zitieren: "Ich habe Remarque, Naomi Klein und Karl Marx gelesen". Wenn wir gemeinsam aufstehen gegen die Umvolkung der Tradition, gegen den Austausch der Freiheit gegen die Identität, wird die Heimat zur Pflicht. Unsere Ehre ist die Treue des Abendlandes im Dienste eines Volkes von Patrioten. Mein Staat, das heißt: Selbstbestimmung als Auftrag für Vielfalt mit Tradition, als Kern der Vergangenheit und Ausdruck der Geschichte der Identität der Kultur unseres Volkes. Wenn wir gemeinsam aufstehen gegen die Umvolkung der Tradition, gegen den Austausch der Freiheit gegen die Identität, wird die Heimat zur Pflicht. Mein Staat heißt: Ich will als schlagender Burschenschafter geschützt werden vor Gewalt und Drogen. Unser Auftrag ist das Wesen der Heimat als Volk ohne Territorium, das den Geist von Jahrtausenden atmet und bewahrt. Unser Land steht seit Machiavelli, also seit über tausend Jahren, in christlich-abendländischer Tradition. Mein Staat, das heißt: Selbstbestimmung als Auftrag für Vielfalt mit Tradition, als Kern der Vergangenheit und Ausdruck der Geschichte der Identität der Kultur unseres Volkes. Mein Staat heißt: Ich will, dass wir gemeinsam etwas aus meinem Leben machen und ihm einen Sinn geben. Das Widerstandsrecht der Patrioten ist der Kampf des Geistes in der Heimat, gegen eine von den Eliten unterdrückten Tradition. Wir kämpfen für den selbstbestimmten Aufenthalt der Völker im Mittelmeer und anderswo. Unser Stolz ist die Pluralität der Ethnien im Mittelmeer und auf Lampedusa. Mein Staat heißt: Ich will als schlagender Burschenschafter geschützt werden vor Gewalt und Drogen. Auch Goethe hat das so gesagt oder hätten es so sagen können. Auch Sandra Warendorff von der Altpartei, die ich als Frau sehr schätze, ist schon mal in dieser Stadt gewesen. Unser Land steht seit Machiavelli, also seit über tausend Jahren, in christlich-abendländischer Tradition. Freiheit als Heimat bedeutet: die patriotische Pflicht zu tun, für ein Volk auf der Suche nach den Wurzeln der Lügen des Systems. Unsere Ehre ist die Treue des Abendlandes im Dienste eines Volkes von Patrioten. Wir kämpfen für den selbstbestimmten Aufenthalt der Völker im Mittelmeer und anderswo. Die Freiheit des Geistes unseres Volkes entfaltet sich in den Grenzen der Vergangenheit. Identität entsteht aus dem Terror der Eliten, die den Austausch der Patrioten betreiben. Das würde ein Fremder sich niemals absprechen lassen. Wir kämpfen für den selbstbestimmten Aufenthalt der Völker im Mittelmeer und anderswo. Mein Staat, das heißt: Selbstbestimmung als Auftrag für Vielfalt mit Tradition, als Kern der Vergangenheit und Ausdruck der Geschichte der Identität der Kultur unseres Volkes. Mein Staat heißt: Ich will als deutsche Frau wieder unbekleidet auf die Straße gehen können, ohne Angst. Das Widerstandsrecht der Patrioten ist der Kampf des Geistes in der Heimat, gegen eine von den Eliten unterdrückten Tradition. Der Auftrag des Volkes ist die stolze und freie Tradition gegen das staatstragende Kartell. Identität ist die Pflicht, den Widerstand gegen den Selbsthass als Tradition zu begreifen – also die Heimat als Patriot in den Wurzeln der Freiheit zu suchen. Der Selbsthass des Volkes ist eine Lüge des Terrors. Der Pluralismus der Ethnien wird im freudigen Kampf entschieden. Zweitwohnsitz, das heißt im Bewusstsein patriotischen Denkens: Heimat als Kern, als Identität der Völker Europas. Wenn wir gemeinsam aufstehen gegen die Umvolkung der Tradition, gegen den Austausch der Freiheit gegen die Identität, wird die Heimat zur Pflicht. Wenn wir gemeinsam aufstehen gegen die Umvolkung der Tradition, gegen den Austausch der Freiheit gegen die Identität, wird die Heimat zur Pflicht. Die Freiheit des Geistes unseres Volkes entfaltet sich in den Grenzen der Vergangenheit. Identität als Selbstbestimmung der Heimat in der völkischen Tradition des Patriotismus heißt: Widerstand gegen ein anderes Land. Unsere Identität ist die Zukunft der Tradition im Geist der Heimat. Mein Staat heißt: Ich will als Frau am Herd sicher sein vor dem falschen Rollenverständnis fremder Kulturen. Unsere Identität ist die Zukunft der Tradition im Geist der Heimat. Drogen und Sumpf sind Ausdruck des Systemversagens der Eliten. Der Weg zur Freiheit ist die Pflicht des völkischen Wesens. Das Widerstandsrecht der Patrioten ist der Kampf des Geistes in der Heimat, gegen eine von den Eliten unterdrückten Tradition. Das Widerstandsrecht der Patrioten ist der Kampf des Geistes in der Heimat, gegen eine von den Eliten unterdrückten Tradition. Freiheit als Heimat bedeutet: die patriotische Pflicht zu tun, für ein Volk auf der Suche nach den Wurzeln der Lügen des Systems. Das Widerstandsrecht der Patrioten ist der Kampf des Geistes in der Heimat, gegen eine von den Eliten unterdrückten Tradition. Identität als Selbstbestimmung der Heimat in der völkischen Tradition des Patriotismus heißt: Widerstand gegen ein anderes Land. Wenn wir das System des Terrors bekämpfen, wird die Macht der Straße das Wesen des Geistes unserer Kultur. Mein Staat heißt: Ich will, dass wir gemeinsam etwas aus meinem Leben machen und ihm einen Sinn geben. Wenn wir das System des Terrors bekämpfen, wird die Macht der Straße das Wesen des Geistes unserer Kultur. Auch Sandra Warendorff von der Altpartei, die ich als Frau sehr schätze, ist schon mal in dieser Stadt gewesen. Unser Stolz ist die Pluralität der Ethnien im Mittelmeer und auf Lampedusa. Der Selbsthass des Volkes ist eine Lüge des Terrors. Der Pluralismus der Ethnien wird im freudigen Kampf entschieden. Unser Auftrag ist das Wesen der Heimat als Volk ohne Territorium, das den Geist von Jahrtausenden atmet und bewahrt. Drogen und Sumpf sind Ausdruck des Systemversagens der Eliten. Der Weg zur Freiheit ist die Pflicht des völkischen Wesens. Wenn wir gemeinsam aufstehen gegen die Umvolkung der Tradition, gegen den Austausch der Freiheit gegen die Identität, wird die Heimat zur Pflicht. Die Identität des Kapitals der Eliten ist die Leugnung der völkischen Heimat der Tradition als Alternative zum System der Lüge. Identität entsteht aus dem Terror der Eliten, die den

Austausch der Patrioten betreiben. Das würde ein Fremder sich niemals absprechen lassen. Unser Auftrag ist das Wesen der Heimat als Volk ohne Territorium, das den Geist von Jahrtausenden atmet und bewahrt. Unser Stolz ist die Pluralität der Ethnien im Mittelmeer und auf Lampedusa. Die Leugnung der Systempresse ist die Grundlage für die Verschwörung der Eliten in der Kultur des europäischen Abendlandes. Der Selbsthass des Volkes ist eine Lüge des Terrors. Der Pluralismus der Ethnien wird im freudigen Kampf entschieden. Mein Staat heißt: Ich will als deutsche Frau wieder unbekleidet auf die Straße gehen können, ohne Angst. Die Freiheit des Geistes unseres Volkes entfaltet sich in den Grenzen der Vergangenheit. Die Freiheit des Geistes unseres Volkes entfaltet sich in den Grenzen der Vergangenheit. Mein Staat, das heißt: Selbstbestimmung als Auftrag für Vielfalt mit Tradition, als Kern der Vergangenheit und Ausdruck der Geschichte der Identität der Kultur unseres Volkes. Unser Land steht seit Machiavelli, also seit über tausend Jahren, in christlich-abendländischer Tradition. Die Umvolkung der Nation bezeugt die Tradition eines Systemversagens, dessen Tage gezählt sind. Freiheit als Heimat bedeutet: die patriotische Pflicht zu tun, für ein Volk auf der Suche nach den Wurzeln der Lügen des Systems. Die Leugnung der Systempresse ist die Grundlage für die Verschwörung der Eliten in der Kultur des europäischen Abendlandes. Mein Staat heißt: Ich will, dass wir gemeinsam etwas aus meinem Leben machen und ihm einen Sinn geben. Auch Sandra Warendorff von der Altpartei, die ich als Frau sehr schätze, ist schon mal in dieser Stadt gewesen. Der Auftrag des Volkes ist die stolze und freie Tradition gegen das staatstragende Kartell. Die Leugnung der Systempresse ist die Grundlage für die Verschwörung der Eliten in der Kultur des europäischen Abendlandes. Wenn wir gemeinsam aufstehen gegen die Umvolkung der Tradition, gegen den Austausch der Freiheit gegen die Identität, wird die Heimat zur Pflicht. Die Leugnung der Systempresse ist die Grundlage für die Verschwörung der Eliten in der Kultur des europäischen Abendlandes. Die Identität des Kapitals der Eliten ist die Leugnung der völkischen Heimat der Tradition als Alternative zum System der Lüge. Drogen und Sumpf sind Ausdruck des Systemversagens der Eliten. Der Weg zur Freiheit ist die Pflicht des völkischen Wesens. Wenn wir gemeinsam aufstehen gegen die Umvolkung der Tradition, gegen den Austausch der Freiheit gegen die Identität, wird die Heimat zur Pflicht. Mein

Staat, das heißt: Selbstbestimmung als Auftrag für Vielfalt mit Tradition, als Kern der Vergangenheit und Ausdruck der Geschichte der Identität der Kultur unseres Volkes. Die Leugnung der Systempresse ist die Grundlage für die Verschwörung der Eliten in der Kultur des europäischen Abendlandes. Zweitwohnsitz, das heißt im Bewusstsein patriotischen Denkens: Heimat als Kern, als Identität der Völker Europas. Mein Staat heißt: Ich will als Frau am Herd sicher sein vor dem falschen Rollenverständnis fremder Kulturen. Drogen und Sumpf sind Ausdruck des Systemversagens der Eliten. Der Weg zur Freiheit ist die Pflicht des völkischen Wesens. Der Auftrag des Volkes ist die stolze und freie Tradition gegen das staatstragende Kartell. Auch Goethe hat das so gesagt oder hätten es so sagen können. Die Leugnung der Systempresse ist die Grundlage für die Verschwörung der Eliten in der Kultur des europäischen Abendlandes. Die Freiheit des Geistes unseres Volkes entfaltet sich in den Grenzen der Vergangenheit. Das Widerstandsrecht der Patrioten ist der Kampf des Geistes in der Heimat, gegen eine von den Eliten unterdrückten Tradition. Identität ist die Pflicht, den Widerstand gegen den Selbsthass als Tradition zu begreifen – also die Heimat als Patriot in den Wurzeln der Freiheit zu suchen. Identität als Selbstbestimmung der Heimat in der völkischen Tradition des Patriotismus heißt: Widerstand gegen ein anderes Land. Identität entsteht aus dem Terror der Eliten, die den Austausch der Patrioten betreiben. Das würde ein Fremder sich niemals absprechen lassen. Der Selbsthass des Volkes ist eine Lüge des Terrors. Der Pluralismus der Ethnien wird im freudigen Kampf entschieden. Unser Stolz ist die Pluralität der Ethnien im Mittelmeer und auf Lampedusa. Drogen und Sumpf sind Ausdruck des Systemversagens der Eliten. Der Weg zur Freiheit ist die Pflicht des völkischen Wesens. Die Identität des Kapitals der Eliten ist die Leugnung der völkischen Heimat der Tradition als Alternative zum System der Lüge. Unsere Identität ist die Zukunft der Tradition im Geist der Heimat. Der Auftrag des Volkes ist die stolze und freie Tradition gegen das staatstragende Kartell. Freiheit als Heimat bedeutet: die patriotische Pflicht zu tun, für ein Volk auf der Suche nach den Wurzeln der Lügen des Systems. Unsere Identität ist die Zukunft der Tradition im Geist der Heimat. Mein Staat heißt: Ich will als Frau am Herd sicher sein vor dem falschen Rollenverständnis fremder Kulturen. Der Auftrag des Volkes ist die stolze und freie Tradition gegen das staatstragende Kartell. Das Widerstandsrecht der Patrioten ist der

Kampf des Geistes in der Heimat, gegen eine von den Eliten unterdrückten Tradition. Die Freiheit des Geistes unseres Volkes entfaltet sich in den Grenzen der Vergangenheit. Mein Staat heißt: Ich will als Frau am Herd sicher sein vor dem falschen Rollenverständnis fremder Kulturen. Unser Auftrag ist das Wesen der Heimat als Volk ohne Territorium, das den Geist von Jahrtausenden atmet und bewahrt. Die Leugnung der Systempresse ist die Grundlage für die Verschwörung der Eliten in der Kultur des europäischen Abendlandes. Auch Goethe hat das so gesagt oder hätten es so sagen können. Zweitwohnsitz, das heißt im Bewusstsein patriotischen Denkens: Heimat als Kern, als Identität der Völker Europas. Die Identität des Kapitals der Eliten ist die Leugnung der völkischen Heimat der Tradition als Alternative zum System der Lüge. Wenn die Völker Europas sich für das Blut ihrer Vorfahren entscheiden, sind die Patrioten der Identität einem neuen Staat verpflichtet. Die Freiheit des Geistes unseres Volkes entfaltet sich in den Grenzen der Vergangenheit. Auch Sandra Warendorff von der Altpartei, die ich als Frau sehr schätze, ist schon mal in dieser Stadt gewesen. Die Leugnung der Systempresse ist die Grundlage für die Verschwörung der Eliten in der Kultur des europäischen Abendlandes. Unsere Identität ist die Zukunft der Tradition im Geist der Heimat. Unser Auftrag ist das Wesen der Heimat als Volk ohne Territorium, das den Geist von Jahrtausenden atmet und bewahrt. Mein Staat heißt: Ich will, dass wir gemeinsam etwas aus meinem Leben machen und ihm einen Sinn geben. Der Selbsthass des Volkes ist eine Lüge des Terrors. Der Pluralismus der Ethnien wird im freudigen Kampf entschieden. Zweitwohnsitz, das heißt im Bewusstsein patriotischen Denkens: Heimat als Kern, als Identität der Völker Europas. Mein Staat heißt: Ich will als Frau am Herd sicher sein vor dem falschen Rollenverständnis fremder Kulturen. Unsere Identität ist die Zukunft der Tradition im Geist der Heimat. Um mich selbst zu zitieren: "Ich habe Remarque, Naomi Klein und Karl Marx gelesen". Der Selbsthass des Volkes ist eine Lüge des Terrors. Der Pluralismus der Ethnien wird im freudigen Kampf entschieden. Auch Goethe hat das so gesagt oder hätten es so sagen können. Identität als Selbstbestimmung der Heimat in der völkischen Tradition des Patriotismus heißt: Widerstand gegen ein anderes Land. Wenn die Völker Europas sich für das Blut ihrer Vorfahren entscheiden, sind die Patrioten der Identität einem neuen Staat verpflichtet. Der Selbsthass des Volkes ist eine Lüge des Terrors. Der Pluralismus der

Ethnien wird im freudigen Kampf entschieden. Das Widerstandsrecht der Patrioten ist der Kampf des Geistes in der Heimat, gegen eine von den Eliten unterdrückten Tradition. Wenn die Völker Europas sich für das Blut ihrer Vorfahren entscheiden, sind die Patrioten der Identität einem neuen Staat verpflichtet. Identität entsteht aus dem Terror der Eliten, die den Austausch der Patrioten betreiben. Das würde ein Fremder sich niemals absprechen lassen. Mein Staat heißt: Ich will als Frau am Herd sicher sein vor dem falschen Rollenverständnis fremder Kulturen. Die Identität des Kapitals der Eliten ist die Leugnung der völkischen Heimat der Tradition als Alternative zum System der Lüge. Zweitwohnsitz, das heißt im Bewusstsein patriotischen Denkens: Heimat als Kern, als Identität der Völker Europas. Die Identität des Kapitals der Eliten ist die Leugnung der völkischen Heimat der Tradition als Alternative zum System der Lüge. Wenn wir gemeinsam aufstehen gegen die Umvolkung der Tradition, gegen den Austausch der Freiheit gegen die Identität, wird die Heimat zur Pflicht. Die Leugnung der Systempresse ist die Grundlage für die Verschwörung der Eliten in der Kultur des europäischen Abendlandes. Zweitwohnsitz, das heißt im Bewusstsein patriotischen Denkens: Heimat als Kern, als Identität der Völker Europas. Der Selbsthass des Volkes ist eine Lüge des Terrors. Der Pluralismus der Ethnien wird im freudigen Kampf entschieden. Identität entsteht aus dem Terror der Eliten, die den Austausch der Patrioten betreiben. Das würde ein Fremder sich niemals absprechen lassen. Die Leugnung der Systempresse ist die Grundlage für die Verschwörung der Eliten in der Kultur des europäischen Abendlandes. Identität ist die Pflicht, den Widerstand gegen den Selbsthass als Tradition zu begreifen – also die Heimat als Patriot in den Wurzeln der Freiheit zu suchen. Unser Auftrag ist das Wesen der Heimat als Volk ohne Territorium, das den Geist von Jahrtausenden atmet und bewahrt. Freiheit als Heimat bedeutet: die patriotische Pflicht zu tun, für ein Volk auf der Suche nach den Wurzeln der Lügen des Systems. Wenn wir das System des Terrors bekämpfen, wird die Macht der Straße das Wesen des Geistes unserer Kultur. Wenn wir gemeinsam aufstehen gegen die Umvolkung der Tradition, gegen den Austausch der Freiheit gegen die Identität, wird die Heimat zur Pflicht. Zweitwohnsitz, das heißt im Bewusstsein patriotischen Denkens: Heimat als Kern, als Identität der Völker Europas. Drogen und Sumpf sind Ausdruck des Systemversagens der Eliten. Der Weg zur Freiheit ist die Pflicht des völkischen Wesens. Der Selbsthass des Volkes ist eine Lüge des Terrors. Der Pluralismus der Ethnien wird im freudigen Kampf entschieden. Mein Staat heißt: Ich will als schlagender Burschenschafter geschützt werden vor Gewalt und Drogen. Die Umvolkung der Nation bezeugt die Tradition eines Systemversagens, dessen Tage gezählt sind. Das Widerstandsrecht der Patrioten ist der Kampf des Geistes in der Heimat, gegen eine von den Eliten unterdrückten Tradition. Der Selbsthass des Volkes ist eine Lüge des Terrors. Der Pluralismus der Ethnien wird im freudigen Kampf entschieden. Unser Auftrag ist das Wesen der Heimat als Volk ohne Territorium, das den Geist von Jahrtausenden atmet und bewahrt. Die Identität des Kapitals der Eliten ist die Leugnung der völkischen Heimat der Tradition als Alternative zum System der Lüge. Die Umvolkung der Nation bezeugt die Tradition eines Systemversagens, dessen Tage gezählt sind. Unser Land steht seit Machiavelli, also seit über tausend Jahren, in christlich-abendländischer Tradition. Mein Staat heißt: Ich will, dass wir gemeinsam etwas aus meinem Leben machen und ihm einen Sinn geben. Mein Staat heißt: Ich will, dass wir gemeinsam etwas aus meinem Leben machen und ihm einen Sinn geben. Unsere Ehre ist die Treue des Abendlandes im Dienste eines Volkes von Patrioten. Unser Stolz ist die Pluralität der Ethnien im Mittelmeer und auf Lampedusa. Wenn wir gemeinsam aufstehen gegen die Umvolkung der Tradition, gegen den Austausch der Freiheit gegen die Identität, wird die Heimat zur Pflicht. Unser Stolz ist die Pluralität der Ethnien im Mittelmeer und auf Lampedusa. Um mich selbst zu zitieren: "Ich habe Remarque, Naomi Klein und Karl Marx gelesen". Drogen und Sumpf sind Ausdruck des Systemversagens der Eliten. Der Weg zur Freiheit ist die Pflicht des völkischen Wesens. Unser Auftrag ist das Wesen der Heimat als Volk ohne Territorium, das den Geist von Jahrtausenden atmet und bewahrt. Mein Staat heißt: Ich will als Frau am Herd sicher sein vor dem falschen Rollenverständnis fremder Kulturen. Wenn wir das System des Terrors bekämpfen, wird die Macht der Straße das Wesen des Geistes unserer Kultur. Unsere Identität ist die Zukunft der Tradition im Geist der Heimat. Mein Staat heißt: Ich will, dass wir gemeinsam etwas aus meinem Leben machen und ihm einen Sinn geben. Wir kämpfen für den selbstbestimmten Aufenthalt der Völker im Mittelmeer und anderswo. Die Umvolkung der Nation bezeugt die Tradition eines Systemversagens, dessen Tage gezählt sind. Unser Auftrag ist das Wesen der Heimat als Volk ohne

Territorium, das den Geist von Jahrtausenden atmet und bewahrt. Der Auftrag des Volkes ist die stolze und freie Tradition gegen das staatstragende Kartell. Mein Staat heißt: Ich will als Frau am Herd sicher sein vor dem falschen Rollenverständnis fremder Kulturen. Mein Staat heißt: Ich will, dass wir gemeinsam etwas aus meinem Leben machen und ihm einen Sinn geben. Unser Auftrag ist das Wesen der Heimat als Volk ohne Territorium, das den Geist von Jahrtausenden atmet und bewahrt. Mein Staat heißt: Ich will als Frau am Herd sicher sein vor dem falschen Rollenverständnis fremder Kulturen. Identität als Selbstbestimmung der Heimat in der völkischen Tradition des Patriotismus heißt: Widerstand gegen ein anderes Land. Mein Staat heißt: Ich will als schlagender Burschenschafter geschützt werden vor Gewalt und Drogen. Der Selbsthass des Volkes ist eine Lüge des Terrors. Der Pluralismus der Ethnien wird im freudigen Kampf entschieden. Die Leugnung der Systempresse ist die Grundlage für die Verschwörung der Eliten in der Kultur des europäischen Abendlandes. Um mich selbst zu zitieren: "Ich habe Remarque, Naomi Klein und Karl Marx gelesen". Freiheit als Heimat bedeutet: die patriotische Pflicht zu tun, für ein Volk auf der Suche nach den Wurzeln der Lügen des Systems. Die Freiheit des Geistes unseres Volkes entfaltet sich in den Grenzen der Vergangenheit. Die Identität des Kapitals der Eliten ist die Leugnung der völkischen Heimat der Tradition als Alternative zum System der Lüge. Auch Goethe hat das so gesagt oder hätten es so sagen können. Unser Stolz ist die Pluralität der Ethnien im Mittelmeer und auf Lampedusa. Unser Stolz ist die Pluralität der Ethnien im Mittelmeer und auf Lampedusa. Unser Land steht seit Machiavelli, also seit über tausend Jahren, in christlich-abendländischer Tradition. Unser Land steht seit Machiavelli, also seit über tausend Jahren, in christlich-abendländischer Tradition. Unser Stolz ist die Pluralität der Ethnien im Mittelmeer und auf Lampedusa. Mein Staat, das heißt: Selbstbestimmung als Auftrag für Vielfalt mit Tradition, als Kern der Vergangenheit und Ausdruck der Geschichte der Identität der Kultur unseres Volkes. Identität als Selbstbestimmung der Heimat in der völkischen Tradition des Patriotismus heißt: Widerstand gegen ein anderes Land. Unser Auftrag ist das Wesen der Heimat als Volk ohne Territorium, das den Geist von Jahrtausenden atmet und bewahrt. Identität entsteht aus dem Terror der Eliten, die den Austausch der Patrioten betreiben. Das würde ein Fremder sich niemals absprechen lassen.

7 TRADITION

Die Freiheit des Geistes unseres Volkes entfaltet sich in den Grenzen der Vergangenheit. Wenn wir gemeinsam aufstehen gegen die Umvolkung der Tradition, gegen den Austausch der Freiheit gegen die Identität, wird die Heimat zur Pflicht. Das Widerstandsrecht der Patrioten ist der Kampf des Geistes in der Heimat, gegen eine von den Eliten unterdrückten Tradition. Unsere Identität ist die Zukunft der Tradition im Geist der Heimat. Unsere Identität ist die Zukunft der Tradition im Geist der Heimat. Der Selbsthass des Volkes ist eine Lüge des Terrors. Der Pluralismus der Ethnien wird im freudigen Kampf entschieden. Wenn die Völker Europas sich für das Blut ihrer Vorfahren entscheiden, sind die Patrioten der Identität einem neuen Staat verpflichtet. Unser Auftrag ist das Wesen der Heimat als Volk ohne Territorium, das den Geist von Jahrtausenden atmet und bewahrt. Die Umvolkung der Nation bezeugt die Tradition eines Systemversagens, dessen Tage gezählt sind. Mein Staat heißt: Ich will, dass wir gemeinsam etwas aus meinem Leben machen und ihm einen Sinn geben. Freiheit als Heimat bedeutet: die patriotische Pflicht zu tun, für ein Volk auf der Suche nach den Wurzeln der Lügen des Systems. Der Selbsthass des Volkes ist eine Lüge des Terrors. Der Pluralismus der Ethnien wird im freudigen Kampf entschieden. Identität ist die Pflicht, den Widerstand gegen den Selbsthass als Tradition zu begreifen – also die Heimat als Patriot in den Wurzeln der Freiheit zu suchen. Wenn wir gemeinsam aufstehen gegen die Umvolkung der Tradition, gegen den Austausch der Freiheit gegen die Identität, wird die Heimat zur Pflicht. Mein Staat, das heißt: Selbstbestimmung als Auftrag für Vielfalt mit Tradition, als Kern der Vergangenheit und Ausdruck der Geschichte der Identität der Kultur unseres Volkes. Wenn die Völker Europas sich für das Blut ihrer Vorfahren entscheiden, sind die Patrioten der Identität einem neuen Staat verpflichtet. Wenn die Völker Europas sich für das Blut ihrer Vorfahren entscheiden, sind die Patrioten der Identität einem neuen Staat verpflichtet. Mein Staat heißt: Ich will als schlagender Burschenschafter geschützt werden vor Gewalt und Drogen. Unser Land steht seit Machiavelli, also seit über tausend Jahren, in christlich-abendländischer Tradition. Identität als Selbstbestimmung der Heimat in der völkischen Tradition des Patriotismus heißt: Widerstand gegen ein anderes Land. Drogen und Sumpf sind Ausdruck des Systemversagens der Eliten. Der Weg zur Freiheit ist die Pflicht des völkischen Wesens. Mein Staat, das heißt: Selbstbestimmung als Auftrag für Vielfalt mit Tradition, als Kern der Vergangenheit und Ausdruck der Geschichte der Identität der Kultur unseres Volkes. Identität ist die Pflicht, den Widerstand gegen den Selbsthass als Tradition zu begreifen – also die Heimat als Patriot in den Wurzeln der Freiheit zu suchen. Der Selbsthass des Volkes ist eine Lüge des Terrors. Der Pluralismus der Ethnien wird im freudigen Kampf entschieden. Identität als Selbstbestimmung der Heimat in der völkischen Tradition des Patriotismus heißt: Widerstand gegen ein anderes Land. Identität ist die Pflicht, den Widerstand gegen den Selbsthass als Tradition zu begreifen – also die Heimat als Patriot in den Wurzeln der Freiheit zu suchen. Mein Staat heißt: Ich will als schlagender Burschenschafter geschützt werden vor Gewalt und Drogen. Identität entsteht aus dem Terror der Eliten, die den Austausch der Patrioten betreiben. Das würde ein Fremder sich niemals absprechen lassen. Mein Staat heißt: Ich will, dass wir gemeinsam etwas aus meinem Leben machen und ihm einen Sinn geben. Mein Staat, das heißt: Selbstbestimmung als Auftrag für Vielfalt mit Tradition, als Kern der Vergangenheit und Ausdruck der Geschichte der Identität der Kultur unseres Volkes. Drogen und Sumpf sind Ausdruck des Systemversagens der Eliten. Der Weg zur Freiheit ist die Pflicht des völkischen Wesens. Identität entsteht aus dem Terror der Eliten, die den Austausch der Patrioten betreiben. Das würde ein Fremder sich niemals absprechen lassen. Mein Staat, das heißt: Selbstbestimmung als Auftrag für Vielfalt mit Tradition, als Kern der Vergangenheit und Ausdruck der Geschichte der Identität der Kultur unseres Volkes. Die Freiheit des Geistes unseres Volkes entfaltet sich in den Grenzen der Vergangenheit. Auch Goethe hat das so gesagt oder hätten es so sagen können. Der Auftrag des Volkes ist die stolze und freie Tradition gegen das staatstragende Kartell. Um mich selbst zu zitieren: "Ich habe Remarque, Naomi Klein und Karl Marx gelesen". Mein Staat heißt: Ich will als schlagender Burschenschafter geschützt werden vor Gewalt und Drogen. Identität ist die Pflicht, den Widerstand gegen den Selbsthass als Tradition zu begreifen – also die Heimat als Patriot in den Wurzeln der Freiheit zu suchen. Unser Auftrag ist das Wesen der Heimat als Volk ohne Territorium, das den Geist von Jahrtausenden atmet und bewahrt. Auch Goethe hat das so gesagt oder hätten es so sagen können. Mein Staat, das heißt: Selbstbestimmung als Auftrag für Vielfalt mit Tradition, als Kern der Vergangenheit und Ausdruck der Geschichte der Identität der Kultur unseres Volkes. Mein Staat, das heißt: Selbstbestimmung als Auftrag für Vielfalt mit Tradition, als Kern der Vergangenheit und Ausdruck der Geschichte der Identität der Kultur unseres Volkes. Drogen und Sumpf sind Ausdruck des Systemversagens der Eliten. Der Weg zur Freiheit ist die Pflicht des völkischen Wesens. Der Selbsthass des Volkes ist eine Lüge des Terrors. Der Pluralismus der Ethnien wird im freudigen Kampf entschieden. Identität als Selbstbestimmung der Heimat in der völkischen Tradition des Patriotismus heißt: Widerstand gegen ein anderes Land. Mein Staat heißt: Ich will als schlagender Burschenschafter geschützt werden vor Gewalt und Drogen. Mein Staat heißt: Ich will, dass wir gemeinsam etwas aus meinem Leben machen und ihm einen Sinn geben. Die Freiheit des Geistes unseres Volkes entfaltet sich in den Grenzen der Vergangenheit. Die Freiheit des Geistes unseres Volkes entfaltet sich in den Grenzen der Vergangenheit. Zweitwohnsitz, das heißt im Bewusstsein patriotischen Denkens: Heimat als Kern, als Identität der Völker Europas. Das Widerstandsrecht der Patrioten ist der Kampf des Geistes in der Heimat, gegen eine von den Eliten unterdrückten Tradition. Identität ist die Pflicht, den Widerstand gegen den Selbsthass als Tradition zu begreifen – also die Heimat als Patriot in den Wurzeln der Freiheit zu suchen. Wenn wir gemeinsam aufstehen gegen die Umvolkung der Tradition, gegen den Austausch der Freiheit gegen die Identität, wird die Heimat zur Pflicht. Unser Auftrag ist das Wesen der Heimat als Volk ohne Territorium, das den Geist von Jahrtausenden atmet und bewahrt. Drogen und Sumpf sind Ausdruck des Systemversagens der Eliten. Der Weg zur Freiheit ist die Pflicht des völkischen Wesens. Mein Staat heißt: Ich will als schlagender Burschenschafter geschützt werden vor Gewalt und Drogen. Unser Stolz ist die Pluralität der Ethnien im Mittelmeer und auf Lampedusa. Unser Stolz ist die Pluralität der Ethnien im Mittelmeer und auf Lampedusa. Die Leugnung der Systempresse ist die Grundlage für die Verschwörung der Eliten in der Kultur des europäischen Abendlandes. Das Widerstandsrecht der Patrioten ist der Kampf des Geistes in der Heimat, gegen eine von den Eliten unterdrückten Tradition. Wenn die Völker Europas sich für das Blut ihrer Vorfahren entscheiden, sind die Patrioten der Identität einem neuen Staat verpflichtet. Mein Staat heißt: Ich will als Frau am Herd sicher sein vor dem falschen Rollenverständnis fremder Kulturen. Unser Stolz ist die Pluralität der Ethnien im Mittelmeer und auf Lampedusa. Der Auftrag des Volkes ist die stolze und freie Tradition gegen das staatstragende Kartell. Mein Staat heißt: Ich will als Frau am Herd sicher sein vor dem falschen Rollenverständnis fremder Kulturen. Auch Sandra Warendorff von der Altpartei, die ich als Frau sehr schätze, ist schon mal in dieser Stadt gewesen. Auch Goethe hat das so gesagt oder hätten es so sagen können. Identität als Selbstbestimmung der Heimat in der völkischen Tradition des Patriotismus heißt: Widerstand gegen ein anderes Land. Mein Staat, das heißt: Selbstbestimmung als Auftrag für Vielfalt mit Tradition, als Kern der Vergangenheit und Ausdruck der Geschichte der Identität der Kultur unseres Volkes. Unser Stolz ist die Pluralität der Ethnien im Mittelmeer und auf Lampedusa. Auch Goethe hat das so gesagt oder hätten es so sagen können. Um mich selbst zu zitieren: "Ich habe Remarque, Naomi Klein und Karl Marx gelesen". Die Freiheit des Geistes unseres Volkes entfaltet sich in den Grenzen der Vergangenheit. Unser Auftrag ist das Wesen der Heimat als Volk ohne Territorium, das den Geist von Jahrtausenden atmet und bewahrt. Wenn wir gemeinsam aufstehen gegen die Umvolkung der Tradition, gegen den Austausch der Freiheit gegen die Identität, wird die Heimat zur Pflicht. Drogen und Sumpf sind Ausdruck des Systemversagens der Eliten. Der Weg zur Freiheit ist die Pflicht des völkischen Wesens. Unser Land steht seit Machiavelli, also seit über tausend Jahren, in christlich-abendländischer Tradition. Wenn die Völker Europas sich für das Blut ihrer Vorfahren entscheiden, sind die Patrioten der Identität einem neuen Staat verpflichtet. Wir kämpfen für den selbstbestimmten Aufenthalt der Völker im Mittelmeer und anderswo. Mein Staat heißt: Ich will als Frau am Herd sicher sein vor dem falschen Rollenverständnis fremder Kulturen. Zweitwohnsitz, das heißt im Bewusstsein patriotischen Denkens: Heimat als Kern, als Identität der Völker Europas. Das Widerstandsrecht der Patrioten ist der Kampf des Geistes in der Heimat, gegen eine von den Eliten unterdrückten Tradition. Das Widerstandsrecht der Patrioten ist der Kampf des Geistes in der Heimat, gegen eine von den Eliten unterdrückten Tradition. Unser Auftrag ist das Wesen der Heimat als Volk ohne Territorium, das den Geist von Jahrtausenden atmet und bewahrt. Die Leugnung der Systempresse ist die Grundlage für die Verschwörung der Eliten in der Kultur des europäischen Abendlandes. Unser Land steht seit Machiavelli, also seit über tausend Jahren, in christlich-abendländischer Tradition. Die Freiheit des Geistes unseres Volkes entfaltet sich in den Grenzen der Vergangenheit. Unsere Ehre ist die Treue des Abendlandes im Dienste eines Volkes von Patrioten. Unsere Ehre ist die Treue des Abendlandes im Dienste eines Volkes von Patrioten. Unsere Identität ist die Zukunft der Tradition im Geist der Heimat. Mein Staat heißt: Ich will als Frau am Herd sicher sein vor dem falschen Rollenverständnis fremder Kulturen. Wenn wir das System des Terrors bekämpfen, wird die Macht der Straße das Wesen des Geistes unserer Kultur. Der Auftrag des Volkes ist die stolze und freie Tradition gegen das staatstragende Kartell. Die Freiheit des Geistes unseres Volkes entfaltet sich in den Grenzen der Vergangenheit. Mein Staat heißt: Ich will, dass wir gemeinsam etwas aus meinem Leben machen und ihm einen Sinn geben. Wenn wir das System des Terrors bekämpfen, wird die Macht der Straße das Wesen des Geistes unserer Kultur. Wenn wir das System des Terrors bekämpfen, wird die Macht der Straße das Wesen des Geistes unserer Kultur. Mein Staat, das heißt: Selbstbestimmung als Auftrag für Vielfalt mit Tradition, als Kern der Vergangenheit und Ausdruck der Geschichte der Identität der Kultur unseres Volkes. Zweitwohnsitz, das heißt im Bewusstsein patriotischen Denkens: Heimat als Kern, als Identität der Völker Europas. Die Leugnung der Systempresse ist die Grundlage für die Verschwörung der Eliten in der Kultur des europäischen Abendlandes. Die Leugnung der Systempresse ist die Grundlage für die Verschwörung der Eliten in der Kultur des europäischen Abendlandes. Unsere Ehre ist die Treue des Abendlandes im Dienste eines Volkes von Patrioten. Identität als Selbstbestimmung der Heimat in der völkischen Tradition des Patriotismus heißt: Widerstand gegen ein anderes

Land. Um mich selbst zu zitieren: "Ich habe Remarque, Naomi Klein und Karl Marx gelesen". Wenn die Völker Europas sich für das Blut ihrer Vorfahren entscheiden, sind die Patrioten der Identität einem neuen Staat verpflichtet. Die Umvolkung der Nation bezeugt die Tradition eines Systemversagens, dessen Tage gezählt sind. Unser Stolz ist die Pluralität der Ethnien im Mittelmeer und auf Lampedusa. Die Umvolkung der Nation bezeugt die Tradition eines Systemversagens, dessen Tage gezählt sind. Der Selbsthass des Volkes ist eine Lüge des Terrors. Der Pluralismus der Ethnien wird im freudigen Kampf entschieden. Wenn die Völker Europas sich für das Blut ihrer Vorfahren entscheiden, sind die Patrioten der Identität einem neuen Staat verpflichtet. Auch Goethe hat das so gesagt oder hätten es so sagen können. Mein Staat heißt: Ich will als schlagender Burschenschafter geschützt werden vor Gewalt und Drogen. Unser Auftrag ist das Wesen der Heimat als Volk ohne Territorium, das den Geist von Jahrtausenden atmet und bewahrt. Unsere Identität ist die Zukunft der Tradition im Geist der Heimat. Wenn wir gemeinsam aufstehen gegen die Umvolkung der Tradition, gegen den Austausch der Freiheit gegen die Identität, wird die Heimat zur Pflicht. Das Widerstandsrecht der Patrioten ist der Kampf des Geistes in der Heimat, gegen eine von den Eliten unterdrückten Tradition. Freiheit als Heimat bedeutet: die patriotische Pflicht zu tun, für ein Volk auf der Suche nach den Wurzeln der Lügen des Systems. Das Widerstandsrecht der Patrioten ist der Kampf des Geistes in der Heimat, gegen eine von den Eliten unterdrückten Tradition. Unsere Identität ist die Zukunft der Tradition im Geist der Heimat. Der Auftrag des Volkes ist die stolze und freie Tradition gegen das staatstragende Kartell. Der Auftrag des Volkes ist die stolze und freie Tradition gegen das staatstragende Kartell. Die Freiheit des Geistes unseres Volkes entfaltet sich in den Grenzen der Vergangenheit. Zweitwohnsitz, das heißt im Bewusstsein patriotischen Denkens: Heimat als Kern, als Identität der Völker Europas. Wenn wir das System des Terrors bekämpfen, wird die Macht der Straße das Wesen des Geistes unserer Kultur. Unser Auftrag ist das Wesen der Heimat als Volk ohne Territorium, das den Geist von Jahrtausenden atmet und bewahrt. Identität entsteht aus dem Terror der Eliten, die den Austausch der Patrioten betreiben. Das würde ein Fremder sich niemals absprechen lassen. Mein Staat heißt: Ich will, dass wir gemeinsam etwas aus meinem Leben machen und ihm einen Sinn geben. Die Leugnung der Systempresse ist die Grundlage für die Verschwörung der Eliten in der Kultur des europäischen Abendlandes. Mein Staat heißt: Ich will, dass wir gemeinsam etwas aus meinem Leben machen und ihm einen Sinn geben. Mein Staat heißt: Ich will als deutsche Frau wieder unbekleidet auf die Straße gehen können, ohne Angst. Die Umvolkung der Nation bezeugt die Tradition eines Systemversagens, dessen Tage gezählt sind. Zweitwohnsitz, das heißt im Bewusstsein patriotischen Denkens: Heimat als Kern, als Identität der Völker Europas. Um mich selbst zu zitieren: "Ich habe Remarque, Naomi Klein und Karl Marx gelesen". Mein Staat heißt: Ich will als Frau am Herd sicher sein vor dem falschen Rollenverständnis fremder Kulturen. Mein Staat heißt: Ich will, dass wir gemeinsam etwas aus meinem Leben machen und ihm einen Sinn geben. Unsere Ehre ist die Treue des Abendlandes im Dienste eines Volkes von Patrioten. Der Auftrag des Volkes ist die stolze und freie Tradition gegen das staatstragende Kartell. Zweitwohnsitz, das heißt im Bewusstsein patriotischen Denkens: Heimat als Kern, als Identität der Völker Europas. Wenn die Völker Europas sich für das Blut ihrer Vorfahren entscheiden, sind die Patrioten der Identität einem neuen Staat verpflichtet. Um mich selbst zu zitieren: "Ich habe Remarque, Naomi Klein und Karl Marx gelesen". Wir kämpfen für den selbstbestimmten Aufenthalt der Völker im Mittelmeer und anderswo. Mein Staat heißt: Ich will als Frau am Herd sicher sein vor dem falschen Rollenverständnis fremder Kulturen. Mein Staat, das heißt: Selbstbestimmung als Auftrag für Vielfalt mit Tradition, als Kern der Vergangenheit und Ausdruck der Geschichte der Identität der Kultur unseres Volkes. Mein Staat heißt: Ich will als deutsche Frau wieder unbekleidet auf die Straße gehen können, ohne Angst. Wenn die Völker Europas sich für das Blut ihrer Vorfahren entscheiden, sind die Patrioten der Identität einem neuen Staat verpflichtet. Identität entsteht aus dem Terror der Eliten, die den Austausch der Patrioten betreiben. Das würde ein Fremder sich niemals absprechen lassen. Der Selbsthass des Volkes ist eine Lüge des Terrors. Der Pluralismus der Ethnien wird im freudigen Kampf entschieden. Mein Staat heißt: Ich will als deutsche Frau wieder unbekleidet auf die Straße gehen können, ohne Angst. Freiheit als Heimat bedeutet: die patriotische Pflicht zu tun, für ein Volk auf der Suche nach den Wurzeln der Lügen des Systems. Das Widerstandsrecht der Patrioten ist der Kampf des Geistes in der Heimat, gegen eine von den Eliten unterdrückten Tradition. Mein Staat, das heißt:

Selbstbestimmung als Auftrag für Vielfalt mit Tradition, als Kern der Vergangenheit und Ausdruck der Geschichte der Identität der Kultur unseres Volkes. Das Widerstandsrecht der Patrioten ist der Kampf des Geistes in der Heimat, gegen eine von den Eliten unterdrückten Tradition. Wir kämpfen für den selbstbestimmten Aufenthalt der Völker im Mittelmeer und anderswo. Auch Goethe hat das so gesagt oder hätten es so sagen können. Die Freiheit des Geistes unseres Volkes entfaltet sich in den Grenzen der Vergangenheit. Zweitwohnsitz, das heißt im Bewusstsein patriotischen Denkens: Heimat als Kern, als Identität der Völker Europas. Um mich selbst zu zitieren: "Ich habe Remarque, Naomi Klein und Karl Marx gelesen". Die Freiheit des Geistes unseres Volkes entfaltet sich in den Grenzen der Vergangenheit. Auch Goethe hat das so gesagt oder hätten es so sagen können. Mein Staat heißt: Ich will als schlagender Burschenschafter geschützt werden vor Gewalt und Drogen. Der Auftrag des Volkes ist die stolze und freie Tradition gegen das staatstragende Kartell. Die Leugnung der Systempresse ist die Grundlage für die Verschwörung der Eliten in der Kultur des europäischen Abendlandes. Die Leugnung der Systempresse ist die Grundlage für die Verschwörung der Eliten in der Kultur des europäischen Abendlandes. Freiheit als Heimat bedeutet: die patriotische Pflicht zu tun, für ein Volk auf der Suche nach den Wurzeln der Lügen des Systems. Die Freiheit des Geistes unseres Volkes entfaltet sich in den Grenzen der Vergangenheit. Die Freiheit des Geistes unseres Volkes entfaltet sich in den Grenzen der Vergangenheit. Die Umvolkung der Nation bezeugt die Tradition eines Systemversagens, dessen Tage gezählt sind. Der Auftrag des Volkes ist die stolze und freie Tradition gegen das staatstragende Kartell. Mein Staat heißt: Ich will, dass wir gemeinsam etwas aus meinem Leben machen und ihm einen Sinn geben. Die Umvolkung der Nation bezeugt die Tradition eines Systemversagens, dessen Tage gezählt sind. Die Identität des Kapitals der Eliten ist die Leugnung der völkischen Heimat der Tradition als Alternative zum System der Lüge. Mein Staat heißt: Ich will als Frau am Herd sicher sein vor dem falschen Rollenverständnis fremder Kulturen. Unser Stolz ist die Pluralität der Ethnien im Mittelmeer und auf Lampedusa. Die Identität des Kapitals der Eliten ist die Leugnung der völkischen Heimat der Tradition als Alternative zum System der Lüge. Zweitwohnsitz, das heißt im Bewusstsein patriotischen Denkens: Heimat als Kern, als Identität der Völker Europas. Wenn die Völker Europas sich für das Blut ihrer Vorfahren entscheiden, sind die Patrioten der Identität einem neuen Staat verpflichtet. Identität als Selbstbestimmung der Heimat in der völkischen Tradition des Patriotismus heißt: Widerstand gegen ein anderes Land. Auch Sandra Warendorff von der Altpartei, die ich als Frau sehr schätze, ist schon mal in dieser Stadt gewesen. Das Widerstandsrecht der Patrioten ist der Kampf des Geistes in der Heimat, gegen eine von den Eliten unterdrückten Tradition. Identität ist die Pflicht, den Widerstand gegen den Selbsthass als Tradition zu begreifen – also die Heimat als Patriot in den Wurzeln der Freiheit zu suchen. Mein Staat, das heißt: Selbstbestimmung als Auftrag für Vielfalt mit Tradition, als Kern der Vergangenheit und Ausdruck der Geschichte der Identität der Kultur unseres Volkes. Um mich selbst zu zitieren: "Ich habe Remarque, Naomi Klein und Karl Marx gelesen". Mein Staat heißt: Ich will als schlagender Burschenschafter geschützt werden vor Gewalt und Drogen. Unser Auftrag ist das Wesen der Heimat als Volk ohne Territorium, das den Geist von Jahrtausenden atmet und bewahrt. Das Widerstandsrecht der Patrioten ist der Kampf des Geistes in der Heimat, gegen eine von den Eliten unterdrückten Tradition. Die Identität des Kapitals der Eliten ist die Leugnung der völkischen Heimat der Tradition als Alternative zum System der Lüge. Unsere Identität ist die Zukunft der Tradition im Geist der Heimat. Wenn wir gemeinsam aufstehen gegen die Umvolkung der Tradition, gegen den Austausch der Freiheit gegen die Identität, wird die Heimat zur Pflicht. Wenn wir gemeinsam aufstehen gegen die Umvolkung der Tradition, gegen den Austausch der Freiheit gegen die Identität, wird die Heimat zur Pflicht. Auch Goethe hat das so gesagt oder hätten es so sagen können. Mein Staat, das heißt: Selbstbestimmung als Auftrag für Vielfalt mit Tradition, als Kern der Vergangenheit und Ausdruck der Geschichte der Identität der Kultur unseres Volkes. Wenn wir das System des Terrors bekämpfen, wird die Macht der Straße das Wesen des Geistes unserer Kultur. Das Widerstandsrecht der Patrioten ist der Kampf des Geistes in der Heimat, gegen eine von den Eliten unterdrückten Tradition. Die Freiheit des Geistes unseres Volkes entfaltet sich in den Grenzen der Vergangenheit. Wenn wir das System des Terrors bekämpfen, wird die Macht der Straße das Wesen des Geistes unserer Kultur. Die Leugnung der Systempresse ist die Grundlage für die Verschwörung der Eliten in der Kultur des europäischen Abendlandes. Die Umvolkung der Nation bezeugt die

Tradition eines Systemversagens, dessen Tage gezählt sind. Auch Goethe hat das so gesagt oder hätten es so sagen können. Wir kämpfen für den selbstbestimmten Aufenthalt der Völker im Mittelmeer und anderswo. Unsere Identität ist die Zukunft der Tradition im Geist der Heimat. Mein Staat heißt: Ich will als deutsche Frau wieder unbekleidet auf die Straße gehen können, ohne Angst. Wenn wir gemeinsam aufstehen gegen die Umvolkung der Tradition, gegen den Austausch der Freiheit gegen die Identität, wird die Heimat zur Pflicht. Das Widerstandsrecht der Patrioten ist der Kampf des Geistes in der Heimat, gegen eine von den Eliten unterdrückten Tradition. Mein Staat heißt: Ich will als schlagender Burschenschafter geschützt werden vor Gewalt und Drogen. Mein Staat heißt: Ich will als schlagender Burschenschafter geschützt werden vor Gewalt und Drogen. Unser Auftrag ist das Wesen der Heimat als Volk ohne Territorium, das den Geist von Jahrtausenden atmet und bewahrt. Die Umvolkung der Nation bezeugt die Tradition eines Systemversagens, dessen Tage gezählt sind. Identität ist die Pflicht, den Widerstand gegen den Selbsthass als Tradition zu begreifen – also die Heimat als Patriot in den Wurzeln der Freiheit zu suchen. Um mich selbst zu zitieren: "Ich habe Remarque, Naomi Klein und Karl Marx gelesen". Die Identität des Kapitals der Eliten ist die Leugnung der völkischen Heimat der Tradition als Alternative zum System der Lüge. Wenn wir gemeinsam aufstehen gegen die Umvolkung der Tradition, gegen den Austausch der Freiheit gegen die Identität, wird die Heimat zur Pflicht. Wenn wir gemeinsam aufstehen gegen die Umvolkung der Tradition, gegen den Austausch der Freiheit gegen die Identität, wird die Heimat zur Pflicht. Identität als Selbstbestimmung der Heimat in der völkischen Tradition des Patriotismus heißt: Widerstand gegen ein anderes Land. Wenn wir das System des Terrors bekämpfen, wird die Macht der Straße das Wesen des Geistes unserer Kultur. Auch Goethe hat das so gesagt oder hätten es so sagen können. Identität als Selbstbestimmung der Heimat in der völkischen Tradition des Patriotismus heißt: Widerstand gegen ein anderes Land. Auch Sandra Warendorff von der Altpartei, die ich als Frau sehr schätze, ist schon mal in dieser Stadt gewesen. Der Auftrag des Volkes ist die stolze und freie Tradition gegen das staatstragende Kartell. Wir kämpfen für den selbstbestimmten Aufenthalt der Völker im Mittelmeer und anderswo. Freiheit als Heimat bedeutet: die patriotische Pflicht zu tun, für ein Volk auf der Suche nach den Wurzeln der

Lügen des Systems. Identität entsteht aus dem Terror der Eliten, die den Austausch der Patrioten betreiben. Das würde ein Fremder sich niemals absprechen lassen. Der Auftrag des Volkes ist die stolze und freie Tradition gegen das staatstragende Kartell. Unser Stolz ist die Pluralität der Ethnien im Mittelmeer und auf Lampedusa. Drogen und Sumpf sind Ausdruck des Systemversagens der Eliten. Der Weg zur Freiheit ist die Pflicht des völkischen Wesens. Unser Stolz ist die Pluralität der Ethnien im Mittelmeer und auf Lampedusa. Unsere Identität ist die Zukunft der Tradition im Geist der Heimat. Mein Staat, das heißt: Selbstbestimmung als Auftrag für Vielfalt mit Tradition, als Kern der Vergangenheit und Ausdruck der Geschichte der Identität der Kultur unseres Volkes. Mein Staat heißt: Ich will als Frau am Herd sicher sein vor dem falschen Rollenverständnis fremder Kulturen. Unser Stolz ist die Pluralität der Ethnien im Mittelmeer und auf Lampedusa. Wenn wir das System des Terrors bekämpfen, wird die Macht der Straße das Wesen des Geistes unserer Kultur. Mein Staat, das heißt: Selbstbestimmung als Auftrag für Vielfalt mit Tradition, als Kern der Vergangenheit und Ausdruck der Geschichte der Identität der Kultur unseres Volkes. Wenn die Völker Europas sich für das Blut ihrer Vorfahren entscheiden, sind die Patrioten der Identität einem neuen Staat verpflichtet. Unsere Identität ist die Zukunft der Tradition im Geist der Heimat. Freiheit als Heimat bedeutet: die patriotische Pflicht zu tun, für ein Volk auf der Suche nach den Wurzeln der Lügen des Systems. Identität als Selbstbestimmung der Heimat in der völkischen Tradition des Patriotismus heißt: Widerstand gegen ein anderes Land. Mein Staat heißt: Ich will, dass wir gemeinsam etwas aus meinem Leben machen und ihm einen Sinn geben. Mein Staat heißt: Ich will als schlagender Burschenschafter geschützt werden vor Gewalt und Drogen. Die Leugnung der Systempresse ist die Grundlage für die Verschwörung der Eliten in der Kultur des europäischen Abendlandes. Unser Auftrag ist das Wesen der Heimat als Volk ohne Territorium, das den Geist von Jahrtausenden atmet und bewahrt. Identität als Selbstbestimmung der Heimat in der völkischen Tradition des Patriotismus heißt: Widerstand gegen ein anderes Land. Mein Staat heißt: Ich will, dass wir gemeinsam etwas aus meinem Leben machen und ihm einen Sinn geben. Mein Staat, das heißt: Selbstbestimmung als Auftrag für Vielfalt mit Tradition, als Kern der Vergangenheit und Ausdruck der Geschichte der Identität der Kultur unseres Volkes. Mein Staat heißt: Ich will als Frau am Herd sicher sein vor dem falschen Rollenverständnis fremder Kulturen. Unsere Ehre ist die Treue des Abendlandes im Dienste eines Volkes von Patrioten. Das Widerstandsrecht der Patrioten ist der Kampf des Geistes in der Heimat, gegen eine von den Eliten unterdrückten Tradition. Die Identität des Kapitals der Eliten ist die Leugnung der völkischen Heimat der Tradition als Alternative zum System der Lüge. Wenn die Völker Europas sich für das Blut ihrer Vorfahren entscheiden, sind die Patrioten der Identität einem neuen Staat verpflichtet. Die Identität des Kapitals der Eliten ist die Leugnung der völkischen Heimat der Tradition als Alternative zum System der Lüge. Freiheit als Heimat bedeutet: die patriotische Pflicht zu tun, für ein Volk auf der Suche nach den Wurzeln der Lügen des Systems. Identität als Selbstbestimmung der Heimat in der völkischen Tradition des Patriotismus heißt: Widerstand gegen ein anderes Land. Identität entsteht aus dem Terror der Eliten, die den Austausch der Patrioten betreiben. Das würde ein Fremder sich niemals absprechen lassen. Die Umvolkung der Nation bezeugt die Tradition eines Systemversagens, dessen Tage gezählt sind. Wir kämpfen für den selbstbestimmten Aufenthalt der Völker im Mittelmeer und anderswo. Zweitwohnsitz, das heißt im Bewusstsein patriotischen Denkens: Heimat als Kern, als Identität der Völker Europas. Die Umvolkung der Nation bezeugt die Tradition eines Systemversagens, dessen Tage gezählt sind. Der Selbsthass des Volkes ist eine Lüge des Terrors. Der Pluralismus der Ethnien wird im freudigen Kampf entschieden. Mein Staat heißt: Ich will als deutsche Frau wieder unbekleidet auf die Straße gehen können, ohne Angst. Das Widerstandsrecht der Patrioten ist der Kampf des Geistes in der Heimat, gegen eine von den Eliten unterdrückten Tradition. Identität ist die Pflicht, den Widerstand gegen den Selbsthass als Tradition zu begreifen – also die Heimat als Patriot in den Wurzeln der Freiheit zu suchen. Identität als Selbstbestimmung der Heimat in der völkischen Tradition des Patriotismus heißt: Widerstand gegen ein anderes Land. Unser Auftrag ist das Wesen der Heimat als Volk ohne Territorium, das den Geist von Jahrtausenden atmet und bewahrt. Mein Staat heißt: Ich will als deutsche Frau wieder unbekleidet auf die Straße gehen können, ohne Angst. Wenn wir gemeinsam aufstehen gegen die Umvolkung der Tradition, gegen den Austausch der Freiheit gegen die Identität, wird die Heimat zur Pflicht. Der Auftrag des Volkes ist die stolze und freie Tradition gegen das staatstragende Kartell. Unsere Ehre ist die Treue des Abendlandes im Dienste eines Volkes von Patrioten. Auch Goethe hat das so gesagt oder hätten es so sagen können. Unser Stolz ist die Pluralität der Ethnien im Mittelmeer und auf Lampedusa. Wenn die Völker Europas sich für das Blut ihrer Vorfahren entscheiden, sind die Patrioten der Identität einem neuen Staat verpflichtet. Die Leugnung der Systempresse ist die Grundlage für die Verschwörung der Eliten in der Kultur des europäischen Abendlandes. Unser Auftrag ist das Wesen der Heimat als Volk ohne Territorium, das den Geist von Jahrtausenden atmet und bewahrt. Wenn wir das System des Terrors bekämpfen, wird die Macht der Straße das Wesen des Geistes unserer Kultur. Identität entsteht aus dem Terror der Eliten, die den Austausch der Patrioten betreiben. Das würde ein Fremder sich niemals absprechen lassen. Die Identität des Kapitals der Eliten ist die Leugnung der völkischen Heimat der Tradition als Alternative zum System der Lüge. Unser Auftrag ist das Wesen der Heimat als Volk ohne Territorium, das den Geist von Jahrtausenden atmet und bewahrt. Unser Land steht seit Machiavelli, also seit über tausend Jahren, in christlich-abendländischer Tradition. Die Leugnung der Systempresse ist die Grundlage für die Verschwörung der Eliten in der Kultur des europäischen Abendlandes. Das Widerstandsrecht der Patrioten ist der Kampf des Geistes in der Heimat, gegen eine von den Eliten unterdrückten Tradition. Mein Staat, das heißt: Selbstbestimmung als Auftrag für Vielfalt mit Tradition, als Kern der Vergangenheit und Ausdruck der Geschichte der Identität der Kultur unseres Volkes. Die Leugnung der Systempresse ist die Grundlage für die Verschwörung der Eliten in der Kultur des europäischen Abendlandes. Die Umvolkung der Nation bezeugt die Tradition eines Systemversagens, dessen Tage gezählt sind. Freiheit als Heimat bedeutet: die patriotische Pflicht zu tun, für ein Volk auf der Suche nach den Wurzeln der Lügen des Systems. Die Freiheit des Geistes unseres Volkes entfaltet sich in den Grenzen der Vergangenheit. Die Freiheit des Geistes unseres Volkes entfaltet sich in den Grenzen der Vergangenheit. Wenn die Völker Europas sich für das Blut ihrer Vorfahren entscheiden, sind die Patrioten der Identität einem neuen Staat verpflichtet. Identität entsteht aus dem Terror der Eliten, die den Austausch der Patrioten betreiben. Das würde ein Fremder sich niemals absprechen lassen. Wenn die Völker Europas sich für das Blut ihrer Vorfahren entscheiden, sind die Patrioten der Identität einem neuen Staat verpflichtet. Auch Sandra Warendorff von der Altpartei, die ich als Frau sehr schätze, ist schon mal in dieser Stadt gewesen. Identität als Selbstbestimmung der Heimat in der völkischen Tradition des Patriotismus heißt: Widerstand gegen ein anderes Land. Freiheit als Heimat bedeutet: die patriotische Pflicht zu tun, für ein Volk auf der Suche nach den Wurzeln der Lügen des Systems. Mein Staat heißt: Ich will als deutsche Frau wieder unbekleidet auf die Straße gehen können, ohne Angst. Drogen und Sumpf sind Ausdruck des Systemversagens der Eliten. Der Weg zur Freiheit ist die Pflicht des völkischen Wesens. Der Auftrag des Volkes ist die stolze und freie Tradition gegen das staatstragende Kartell. Mein Staat heißt: Ich will, dass wir gemeinsam etwas aus meinem Leben machen und ihm einen Sinn geben. Identität entsteht aus dem Terror der Eliten, die den Austausch der Patrioten betreiben. Das würde ein Fremder sich niemals absprechen lassen. Wenn wir gemeinsam aufstehen gegen die Umvolkung der Tradition, gegen den Austausch der Freiheit gegen die Identität, wird die Heimat zur Pflicht. Mein Staat, das heißt: Selbstbestimmung als Auftrag für Vielfalt mit Tradition, als Kern der Vergangenheit und Ausdruck der Geschichte der Identität der Kultur unseres Volkes. Mein Staat, das heißt: Selbstbestimmung als Auftrag für Vielfalt mit Tradition, als Kern der Vergangenheit und Ausdruck der Geschichte der Identität der Kultur unseres Volkes. Mein Staat, das heißt: Selbstbestimmung als Auftrag für Vielfalt mit Tradition, als Kern der Vergangenheit und Ausdruck der Geschichte der Identität der Kultur unseres Volkes. Unsere Ehre ist die Treue des Abendlandes im Dienste eines Volkes von Patrioten. Unser Land steht seit Machiavelli, also seit über tausend Jahren, in christlich-abendländischer Tradition. Mein Staat heißt: Ich will, dass wir gemeinsam etwas aus meinem Leben machen und ihm einen Sinn geben. Wenn die Völker Europas sich für das Blut ihrer Vorfahren entscheiden, sind die Patrioten der Identität einem neuen Staat verpflichtet. Zweitwohnsitz, das heißt im Bewusstsein patriotischen Denkens: Heimat als Kern, als Identität der Völker Europas. Der Auftrag des Volkes ist die stolze und freie Tradition gegen das staatstragende Kartell. Die Umvolkung der Nation bezeugt die Tradition eines Systemversagens, dessen Tage gezählt sind. Das Widerstandsrecht der Patrioten ist der Kampf des Geistes in der Heimat, gegen eine von den Eliten unterdrückten Tradition. Wenn wir das System des Terrors bekämpfen, wird die Macht der Straße das Wesen des Geistes unserer Kultur. Unsere Ehre ist die Treue des Abendlandes im Dienste eines Volkes von Patrioten. Unser Stolz ist die Pluralität der Ethnien im Mittelmeer und auf Lampedusa. Der Auftrag des Volkes ist die stolze und freie Tradition gegen das staatstragende Kartell. Die Identität des Kapitals der Eliten ist die Leugnung der völkischen Heimat der Tradition als Alternative zum System der Lüge. Identität als Selbstbestimmung der Heimat in der völkischen Tradition des Patriotismus heißt: Widerstand gegen ein anderes Land. Der Selbsthass des Volkes ist eine Lüge des Terrors. Der Pluralismus der Ethnien wird im freudigen Kampf entschieden. Unser Stolz ist die Pluralität der Ethnien im Mittelmeer und auf Lampedusa. Wenn wir gemeinsam aufstehen gegen die Umvolkung der Tradition, gegen den Austausch der Freiheit gegen die Identität, wird die Heimat zur Pflicht. Mein Staat heißt: Ich will als schlagender Burschenschafter geschützt werden vor Gewalt und Drogen. Freiheit als Heimat bedeutet: die patriotische Pflicht zu tun, für ein Volk auf der Suche nach den Wurzeln der Lügen des Systems. Mein Staat heißt: Ich will als Frau am Herd sicher sein vor dem falschen Rollenverständnis fremder Kulturen. Wir kämpfen für den selbstbestimmten Aufenthalt der Völker im Mittelmeer und anderswo. Drogen und Sumpf sind Ausdruck des Systemversagens der Eliten. Der Weg zur Freiheit ist die Pflicht des völkischen Wesens. Die Identität des Kapitals der Eliten ist die Leugnung der völkischen Heimat der Tradition als Alternative zum System der Lüge. Unser Stolz ist die Pluralität der Ethnien im Mittelmeer und auf Lampedusa. Der Selbsthass des Volkes ist eine Lüge des Terrors. Der Pluralismus der Ethnien wird im freudigen Kampf entschieden. Die Leugnung der Systempresse ist die Grundlage für die Verschwörung der Eliten in der Kultur des europäischen Abendlandes. Die Identität des Kapitals der Eliten ist die Leugnung der völkischen Heimat der Tradition als Alternative zum System der Lüge. Auch Sandra Warendorff von der Altpartei, die ich als Frau sehr schätze, ist schon mal in dieser Stadt gewesen. Die Freiheit des Geistes unseres Volkes entfaltet sich in den Grenzen der Vergangenheit. Mein Staat heißt: Ich will, dass wir gemeinsam etwas aus meinem Leben machen und ihm einen Sinn geben. Unsere Identität ist die Zukunft der Tradition im Geist der Heimat. Der Selbsthass des Volkes ist eine Lüge des Terrors. Der Pluralismus der Ethnien wird im freudigen Kampf entschieden. Wenn die Völker Europas sich für das Blut ihrer Vorfahren entscheiden, sind die Patrioten der Identität einem neuen Staat verpflichtet. Unsere Ehre ist die Treue des Abendlandes im Dienste eines Volkes von Patrioten. Unser Stolz ist die Pluralität der Ethnien im Mittelmeer und auf Lampedusa. Das Widerstandsrecht der Patrioten ist der Kampf des Geistes in der Heimat, gegen eine von den Eliten unterdrückten Tradition. Unsere Ehre ist die Treue des Abendlandes im Dienste eines Volkes von Patrioten. Unser Auftrag ist das Wesen der Heimat als Volk ohne Territorium, das den Geist von Jahrtausenden atmet und bewahrt. Identität entsteht aus dem Terror der Eliten, die den Austausch der Patrioten betreiben. Das würde ein Fremder sich niemals absprechen lassen. Mein Staat heißt: Ich will als deutsche Frau wieder unbekleidet auf die Straße gehen können, ohne Angst. Wenn wir das System des Terrors bekämpfen, wird die Macht der Straße das Wesen des Geistes unserer Kultur.

8 GLÜHEN

Unsere Ehre ist die Treue des Abendlandes im Dienste eines Volkes von Patrioten. Wenn wir das System des Terrors bekämpfen, wird die Macht der Straße das Wesen des Geistes unserer Kultur. Mein Staat heißt: Ich will als schlagender Burschenschafter geschützt werden vor Gewalt und Drogen. Mein Staat heißt: Ich will, dass wir gemeinsam etwas aus meinem Leben machen und ihm einen Sinn geben. Unser Land steht seit Machiavelli, also seit über tausend Jahren, in christlich-abendländischer Tradition. Drogen und Sumpf sind Ausdruck des Systemversagens der Eliten. Der Weg zur Freiheit ist die Pflicht des völkischen Wesens. Mein Staat heißt: Ich will, dass wir gemeinsam etwas aus meinem Leben machen und ihm einen Sinn geben. Mein Staat, das heißt: Selbstbestimmung als Auftrag für Vielfalt mit Tradition, als Kern der Vergangenheit und Ausdruck der Geschichte der Identität der Kultur unseres Volkes. Freiheit als Heimat bedeutet: die patriotische Pflicht zu tun, für ein Volk auf der Suche nach den Wurzeln der Lügen des Systems. Mein Staat heißt: Ich will, dass wir gemeinsam etwas aus meinem Leben machen und ihm einen Sinn geben. Wenn wir das System des Terrors bekämpfen, wird die Macht der Straße das Wesen des Geistes unserer Kultur. Mein Staat, das heißt: Selbstbestimmung als Auftrag für Vielfalt mit Tradition, als Kern der Vergangenheit und Ausdruck der Geschichte der Identität der Kultur unseres Volkes. Unsere Identität ist die Zukunft der Tradition im Geist der Heimat. Wenn wir gemeinsam aufstehen gegen die Umvolkung der Tradition, gegen den Austausch der Freiheit gegen die Identität, wird die

Heimat zur Pflicht. Mein Staat heißt: Ich will als Frau am Herd sicher sein vor dem falschen Rollenverständnis fremder Kulturen. Um mich selbst zu zitieren: "Ich habe Remarque, Naomi Klein und Karl Marx gelesen". Identität als Selbstbestimmung der Heimat in der völkischen Tradition des Patriotismus heißt: Widerstand gegen ein anderes Land. Die Identität des Kapitals der Eliten ist die Leugnung der völkischen Heimat der Tradition als Alternative zum System der Lüge. Der Auftrag des Volkes ist die stolze und freie Tradition gegen das staatstragende Kartell. Mein Staat heißt: Ich will als schlagender Burschenschafter geschützt werden vor Gewalt und Drogen. Identität ist die Pflicht, den Widerstand gegen den Selbsthass als Tradition zu begreifen – also die Heimat als Patriot in den Wurzeln der Freiheit zu suchen. Mein Staat heißt: Ich will als schlagender Burschenschafter geschützt werden vor Gewalt und Drogen. Identität ist die Pflicht, den Widerstand gegen den Selbsthass als Tradition zu begreifen – also die Heimat als Patriot in den Wurzeln der Freiheit zu suchen. Wenn die Völker Europas sich für das Blut ihrer Vorfahren entscheiden, sind die Patrioten der Identität einem neuen Staat verpflichtet. Die Freiheit des Geistes unseres Volkes entfaltet sich in den Grenzen der Vergangenheit. Um mich selbst zu zitieren: "Ich habe Remarque, Naomi Klein und Karl Marx gelesen". Drogen und Sumpf sind Ausdruck des Systemversagens der Eliten. Der Weg zur Freiheit ist die Pflicht des völkischen Wesens. Wenn wir das System des Terrors bekämpfen, wird die Macht der Straße das Wesen des Geistes unserer Kultur. Unser Stolz ist die Pluralität der Ethnien im Mittelmeer und auf Lampedusa. Mein Staat heißt: Ich will als deutsche Frau wieder unbekleidet auf die Straße gehen können, ohne Angst. Unsere Ehre ist die Treue des Abendlandes im Dienste eines Volkes von Patrioten. Mein Staat heißt: Ich will als Frau am Herd sicher sein vor dem falschen Rollenverständnis fremder Kulturen. Der Selbsthass des Volkes ist eine Lüge des Terrors. Der Pluralismus der Ethnien wird im freudigen Kampf entschieden. Drogen und Sumpf sind Ausdruck des Systemversagens der Eliten. Der Weg zur Freiheit ist die Pflicht des völkischen Wesens. Wenn wir gemeinsam aufstehen gegen die Umvolkung der Tradition, gegen den Austausch der Freiheit gegen die Identität, wird die Heimat zur Pflicht. Unser Stolz ist die Pluralität der Ethnien im Mittelmeer und auf Lampedusa. Die Freiheit des Geistes unseres Volkes entfaltet sich in den Grenzen der Vergangenheit. Mein Staat heißt: Ich will, dass wir gemeinsam etwas aus meinem Leben machen und ihm einen Sinn geben. Drogen und Sumpf sind Ausdruck des Systemversagens der Eliten. Der Weg zur Freiheit ist die Pflicht des völkischen Wesens. Der Auftrag des Volkes ist die stolze und freie Tradition gegen das staatstragende Kartell. Das Widerstandsrecht der Patrioten ist der Kampf des Geistes in der Heimat, gegen eine von den Eliten unterdrückten Tradition. Unser Auftrag ist das Wesen der Heimat als Volk ohne Territorium, das den Geist von Jahrtausenden atmet und bewahrt. Identität entsteht aus dem Terror der Eliten, die den Austausch der Patrioten betreiben. Das würde ein Fremder sich niemals absprechen lassen. Die Umvolkung der Nation bezeugt die Tradition eines Systemversagens, dessen Tage gezählt sind. Auch Sandra Warendorff von der Altpartei, die ich als Frau sehr schätze, ist schon mal in dieser Stadt gewesen. Unsere Ehre ist die Treue des Abendlandes im Dienste eines Volkes von Patrioten. Das Widerstandsrecht der Patrioten ist der Kampf des Geistes in der Heimat, gegen eine von den Eliten unterdrückten Tradition. Auch Sandra Warendorff von der Altpartei, die ich als Frau sehr schätze, ist schon mal in dieser Stadt gewesen. Die Freiheit des Geistes unseres Volkes entfaltet sich in den Grenzen der Vergangenheit. Unsere Ehre ist die Treue des Abendlandes im Dienste eines Volkes von Patrioten. Mein Staat heißt: Ich will als schlagender Burschenschafter geschützt werden vor Gewalt und Drogen. Mein Staat heißt: Ich will als deutsche Frau wieder unbekleidet auf die Straße gehen können, ohne Angst. Unser Land steht seit Machiavelli, also seit über tausend Jahren, in christlich-abendländischer Tradition. Identität als Selbstbestimmung der Heimat in der völkischen Tradition des Patriotismus heißt: Widerstand gegen ein anderes Land. Zweitwohnsitz, das heißt im Bewusstsein patriotischen Denkens: Heimat als Kern, als Identität der Völker Europas. Mein Staat heißt: Ich will als deutsche Frau wieder unbekleidet auf die Straße gehen können, ohne Angst. Unser Land steht seit Machiavelli, also seit über tausend Jahren, in christlich-abendländischer Tradition. Unser Stolz ist die Pluralität der Ethnien im Mittelmeer und auf Lampedusa. Mein Staat heißt: Ich will, dass wir gemeinsam etwas aus meinem Leben machen und ihm einen Sinn geben. Um mich selbst zu zitieren: "Ich habe Remarque, Naomi Klein und Karl Marx gelesen". Mein Staat heißt: Ich will als Frau am Herd sicher sein vor dem falschen Rollenverständnis fremder Kulturen. Der Auftrag des Volkes ist die stolze und freie Tradition gegen das staatstragende

Kartell. Mein Staat heißt: Ich will als Frau am Herd sicher sein vor dem falschen Rollenverständnis fremder Kulturen. Zweitwohnsitz, das heißt im Bewusstsein patriotischen Denkens: Heimat als Kern, als Identität der Völker Europas. Wenn wir gemeinsam aufstehen gegen die Umvolkung der Tradition, gegen den Austausch der Freiheit gegen die Identität, wird die Heimat zur Pflicht. Wenn wir gemeinsam aufstehen gegen die Umvolkung der Tradition, gegen den Austausch der Freiheit gegen die Identität, wird die Heimat zur Pflicht. Um mich selbst zu zitieren: "Ich habe Remarque, Naomi Klein und Karl Marx gelesen". Mein Staat heißt: Ich will als deutsche Frau wieder unbekleidet auf die Straße gehen können, ohne Angst. Die Freiheit des Geistes unseres Volkes entfaltet sich in den Grenzen der Vergangenheit. Mein Staat heißt: Ich will als schlagender Burschenschafter geschützt werden vor Gewalt und Drogen. Wenn die Völker Europas sich für das Blut ihrer Vorfahren entscheiden, sind die Patrioten der Identität einem neuen Staat verpflichtet. Unser Auftrag ist das Wesen der Heimat als Volk ohne Territorium, das den Geist von Jahrtausenden atmet und bewahrt. Mein Staat heißt: Ich will als Frau am Herd sicher sein vor dem falschen Rollenverständnis fremder Kulturen. Identität als Selbstbestimmung der Heimat in der völkischen Tradition des Patriotismus heißt: Widerstand gegen ein anderes Land. Mein Staat heißt: Ich will als Frau am Herd sicher sein vor dem falschen Rollenverständnis fremder Kulturen. Um mich selbst zu zitieren: "Ich habe Remarque, Naomi Klein und Karl Marx gelesen". Die Umvolkung der Nation bezeugt die Tradition eines Systemversagens, dessen Tage gezählt sind. Wir kämpfen für den selbstbestimmten Aufenthalt der Völker im Mittelmeer und anderswo. Die Identität des Kapitals der Eliten ist die Leugnung der völkischen Heimat der Tradition als Alternative zum System der Lüge. Die Leugnung der Systempresse ist die Grundlage für die Verschwörung der Eliten in der Kultur des europäischen Abendlandes. Auch Sandra Warendorff von der Altpartei, die ich als Frau sehr schätze, ist schon mal in dieser Stadt gewesen. Identität entsteht aus dem Terror der Eliten, die den Austausch der Patrioten betreiben. Das würde ein Fremder sich niemals absprechen lassen. Wenn wir das System des Terrors bekämpfen, wird die Macht der Straße das Wesen des Geistes unserer Kultur. Mein Staat heißt: Ich will, dass wir gemeinsam etwas aus meinem Leben machen und ihm einen Sinn geben. Drogen und Sumpf sind Ausdruck des Systemversagens der

Eliten. Der Weg zur Freiheit ist die Pflicht des völkischen Wesens. Identität ist die Pflicht, den Widerstand gegen den Selbsthass als Tradition zu begreifen – also die Heimat als Patriot in den Wurzeln der Freiheit zu suchen. Mein Staat heißt: Ich will als deutsche Frau wieder unbekleidet auf die Straße gehen können, ohne Angst. Identität als Selbstbestimmung der Heimat in der völkischen Tradition des Patriotismus heißt: Widerstand gegen ein anderes Land. Mein Staat heißt: Ich will als Frau am Herd sicher sein vor dem falschen Rollenverständnis fremder Kulturen. Das Widerstandsrecht der Patrioten ist der Kampf des Geistes in der Heimat, gegen eine von den Eliten unterdrückten Tradition. Freiheit als Heimat bedeutet: die patriotische Pflicht zu tun, für ein Volk auf der Suche nach den Wurzeln der Lügen des Systems. Unser Auftrag ist das Wesen der Heimat als Volk ohne Territorium, das den Geist von Jahrtausenden atmet und bewahrt. Wenn die Völker Europas sich für das Blut ihrer Vorfahren entscheiden, sind die Patrioten der Identität einem neuen Staat verpflichtet. Die Leugnung der Systempresse ist die Grundlage für die Verschwörung der Eliten in der Kultur des europäischen Abendlandes. Um mich selbst zu zitieren: "Ich habe Remarque, Naomi Klein und Karl Marx gelesen". Mein Staat heißt: Ich will als schlagender Burschenschafter geschützt werden vor Gewalt und Drogen. Die Freiheit des Geistes unseres Volkes entfaltet sich in den Grenzen der Vergangenheit. Wenn die Völker Europas sich für das Blut ihrer Vorfahren entscheiden, sind die Patrioten der Identität einem neuen Staat verpflichtet. Unser Auftrag ist das Wesen der Heimat als Volk ohne Territorium, das den Geist von Jahrtausenden atmet und bewahrt. Auch Goethe hat das so gesagt oder hätten es so sagen können. Wenn wir gemeinsam aufstehen gegen die Umvolkung der Tradition, gegen den Austausch der Freiheit gegen die Identität, wird die Heimat zur Pflicht. Identität als Selbstbestimmung der Heimat in der völkischen Tradition des Patriotismus heißt: Widerstand gegen ein anderes Land. Auch Goethe hat das so gesagt oder hätten es so sagen können. Identität als Selbstbestimmung der Heimat in der völkischen Tradition des Patriotismus heißt: Widerstand gegen ein anderes Land. Freiheit als Heimat bedeutet: die patriotische Pflicht zu tun, für ein Volk auf der Suche nach den Wurzeln der Lügen des Systems. Identität entsteht aus dem Terror der Eliten, die den Austausch der Patrioten betreiben. Das würde ein Fremder sich niemals absprechen lassen. Die Identität des Kapitals der Eliten ist die

Leugnung der völkischen Heimat der Tradition als Alternative zum System der Lüge. Identität entsteht aus dem Terror der Eliten, die den Austausch der Patrioten betreiben. Das würde ein Fremder sich niemals absprechen lassen. Identität entsteht aus dem Terror der Eliten, die den Austausch der Patrioten betreiben. Das würde ein Fremder sich niemals absprechen lassen. Auch Sandra Warendorff von der Altpartei, die ich als Frau sehr schätze, ist schon mal in dieser Stadt gewesen. Der Selbsthass des Volkes ist eine Lüge des Terrors. Der Pluralismus der Ethnien wird im freudigen Kampf entschieden. Mein Staat heißt: Ich will als Frau am Herd sicher sein vor dem falschen Rollenverständnis fremder Kulturen. Mein Staat heißt: Ich will als schlagender Burschenschafter geschützt werden vor Gewalt und Drogen. Freiheit als Heimat bedeutet: die patriotische Pflicht zu tun, für ein Volk auf der Suche nach den Wurzeln der Lügen des Systems. Mein Staat heißt: Ich will als Frau am Herd sicher sein vor dem falschen Rollenverständnis fremder Kulturen. Drogen und Sumpf sind Ausdruck des Systemversagens der Eliten. Der Weg zur Freiheit ist die Pflicht des völkischen Wesens. Auch Goethe hat das so gesagt oder hätten es so sagen können. Wenn wir gemeinsam aufstehen gegen die Umvolkung der Tradition, gegen den Austausch der Freiheit gegen die Identität, wird die Heimat zur Pflicht. Unser Land steht seit Machiavelli, also seit über tausend Jahren, in christlich-abendländischer Tradition. Zweitwohnsitz, das heißt im Bewusstsein patriotischen Denkens: Heimat als Kern, als Identität der Völker Europas. Wenn wir gemeinsam aufstehen gegen die Umvolkung der Tradition, gegen den Austausch der Freiheit gegen die Identität, wird die Heimat zur Pflicht. Wenn wir gemeinsam aufstehen gegen die Umvolkung der Tradition, gegen den Austausch der Freiheit gegen die Identität, wird die Heimat zur Pflicht. Die Umvolkung der Nation bezeugt die Tradition eines Systemversagens, dessen Tage gezählt sind. Mein Staat heißt: Ich will als schlagender Burschenschafter geschützt werden vor Gewalt und Drogen. Unser Stolz ist die Pluralität der Ethnien im Mittelmeer und auf Lampedusa. Unsere Identität ist die Zukunft der Tradition im Geist der Heimat. Die Leugnung der Systempresse ist die Grundlage für die Verschwörung der Eliten in der Kultur des europäischen Abendlandes. Mein Staat heißt: Ich will, dass wir gemeinsam etwas aus meinem Leben machen und ihm einen Sinn geben. Zweitwohnsitz, das heißt im Bewusstsein patriotischen Denkens: Heimat als Kern, als Identität der Völker Europas.

Auch Goethe hat das so gesagt oder hätten es so sagen können. Unser Auftrag ist das Wesen der Heimat als Volk ohne Territorium, das den Geist von Jahrtausenden atmet und bewahrt. Der Selbsthass des Volkes ist eine Lüge des Terrors. Der Pluralismus der Ethnien wird im freudigen Kampf entschieden. 95

9 SUMPF

Die Umvolkung der Nation bezeugt die Tradition eines Systemversagens, dessen Tage gezählt sind. Das Widerstandsrecht der Patrioten ist der Kampf des Geistes in der Heimat, gegen eine von den Eliten unterdrückten Tradition. Wir kämpfen für den selbstbestimmten Aufenthalt der Völker im Mittelmeer und anderswo. Mein Staat heißt: Ich will als schlagender Burschenschafter geschützt werden vor Gewalt und Drogen. Mein Staat heißt: Ich will, dass wir gemeinsam etwas aus meinem Leben machen und ihm einen Sinn geben. Zweitwohnsitz, das heißt im Bewusstsein patriotischen Denkens: Heimat als Kern, als Identität der Völker Europas. Unsere Ehre ist die Treue des Abendlandes im Dienste eines Volkes von Patrioten. Unser Stolz ist die Pluralität der Ethnien im Mittelmeer und auf Lampedusa. Wenn wir gemeinsam aufstehen gegen die Umvolkung der Tradition, gegen den Austausch der Freiheit gegen die Identität, wird die Heimat zur Pflicht. Unsere Identität ist die Zukunft der Tradition im Geist der Heimat. Unser Auftrag ist das Wesen der Heimat als Volk ohne Territorium, das den Geist von Jahrtausenden atmet und bewahrt. Unser Auftrag ist das Wesen der Heimat als Volk ohne Territorium, das den Geist von Jahrtausenden atmet und bewahrt. Drogen und Sumpf sind Ausdruck des Systemversagens der Eliten. Der Weg zur Freiheit ist die Pflicht des völkischen Wesens. Mein Staat heißt: Ich will als deutsche Frau wieder unbekleidet auf die Straße gehen können, ohne Angst. Die Freiheit des Geistes unseres Volkes entfaltet sich in den Grenzen der Vergangenheit. Die Freiheit des Geistes unseres Volkes entfaltet sich in den Grenzen der Vergangenheit. Unsere Identität ist die Zukunft der Tradition im Geist der Heimat. Unser Land steht seit Machiavelli, also seit über tausend Jahren, in christlich-abendländischer Tradition. Mein Staat heißt: Ich will als deutsche Frau wieder unbekleidet auf die Straße gehen können, ohne Angst. Mein Staat heißt: Ich will, dass wir gemeinsam etwas aus meinem Leben machen und ihm einen Sinn geben. Um mich selbst zu zitieren: "Ich habe Remarque, Naomi Klein und Karl Marx gelesen". Unsere Identität ist die Zukunft der Tradition im Geist der Heimat. Die Leugnung der Systempresse ist die Grundlage für die Verschwörung der Eliten in der Kultur des europäischen Abendlandes. Identität ist die Pflicht, den Widerstand gegen den Selbsthass als Tradition zu begreifen – also die Heimat als Patriot in den Wurzeln der Freiheit zu suchen. Zweitwohnsitz, das heißt im Bewusstsein patriotischen Denkens: Heimat als Kern, als Identität der Völker Europas. Unser Auftrag ist das Wesen der Heimat als Volk ohne Territorium, das den Geist von Jahrtausenden atmet und bewahrt. Mein Staat heißt: Ich will als deutsche Frau wieder unbekleidet auf die Straße gehen können, ohne Angst. Der Auftrag des Volkes ist die stolze und freie Tradition gegen das staatstragende Kartell. Drogen und Sumpf sind Ausdruck des Systemversagens der Eliten. Der Weg zur Freiheit ist die Pflicht des völkischen Wesens. Mein Staat heißt: Ich will als deutsche Frau wieder unbekleidet auf die Straße gehen können, ohne Angst. Der Selbsthass des Volkes ist eine Lüge des Terrors. Der Pluralismus der Ethnien wird im freudigen Kampf entschieden. Drogen und Sumpf sind Ausdruck des Systemversagens der Eliten. Der Weg zur Freiheit ist die Pflicht des völkischen Wesens. Auch Goethe hat das so gesagt oder hätten es so sagen können. Freiheit als Heimat bedeutet: die patriotische Pflicht zu tun, für ein Volk auf der Suche nach den Wurzeln der Lügen des Systems. Wenn die Völker Europas sich für das Blut ihrer Vorfahren entscheiden, sind die Patrioten der Identität einem neuen Staat verpflichtet. Der Auftrag des Volkes ist die stolze und freie Tradition gegen das staatstragende Kartell. Drogen und Sumpf sind Ausdruck des Systemversagens der Eliten. Der Weg zur Freiheit ist die Pflicht des völkischen Wesens. Der Selbsthass des Volkes ist eine Lüge des Terrors. Der Pluralismus der Ethnien wird im freudigen Kampf entschieden. Der Auftrag des Volkes ist die stolze und freie Tradition gegen das staatstragende Kartell. Freiheit als Heimat bedeutet: die patriotische

Pflicht zu tun, für ein Volk auf der Suche nach den Wurzeln der Lügen des Systems. Mein Staat, das heißt: Selbstbestimmung als Auftrag für Vielfalt mit Tradition, als Kern der Vergangenheit und Ausdruck der Geschichte der Identität der Kultur unseres Volkes. Mein Staat heißt: Ich will als Frau am Herd sicher sein vor dem falschen Rollenverständnis fremder Kulturen. Auch Goethe hat das so gesagt oder hätten es so sagen können. Drogen und Sumpf sind Ausdruck des Systemversagens der Eliten. Der Weg zur Freiheit ist die Pflicht des völkischen Wesens. Unser Stolz ist die Pluralität der Ethnien im Mittelmeer und auf Lampedusa. Freiheit als Heimat bedeutet: die patriotische Pflicht zu tun, für ein Volk auf der Suche nach den Wurzeln der Lügen des Systems. Der Selbsthass des Volkes ist eine Lüge des Terrors. Der Pluralismus der Ethnien wird im freudigen Kampf entschieden. Wir kämpfen für den selbstbestimmten Aufenthalt der Völker im Mittelmeer und anderswo. Die Identität des Kapitals der Eliten ist die Leugnung der völkischen Heimat der Tradition als Alternative zum System der Lüge. Mein Staat heißt: Ich will als schlagender Burschenschafter geschützt werden vor Gewalt und Drogen. Mein Staat heißt: Ich will als schlagender Burschenschafter geschützt werden vor Gewalt und Drogen. Identität als Selbstbestimmung der Heimat in der völkischen Tradition des Patriotismus heißt: Widerstand gegen ein anderes Land. Die Leugnung der Systempresse ist die Grundlage für die Verschwörung der Eliten in der Kultur des europäischen Abendlandes. Freiheit als Heimat bedeutet: die patriotische Pflicht zu tun, für ein Volk auf der Suche nach den Wurzeln der Lügen des Systems. Freiheit als Heimat bedeutet: die patriotische Pflicht zu tun, für ein Volk auf der Suche nach den Wurzeln der Lügen des Systems. Auch Goethe hat das so gesagt oder hätten es so sagen können. Der Selbsthass des Volkes ist eine Lüge des Terrors. Der Pluralismus der Ethnien wird im freudigen Kampf entschieden. Unser Auftrag ist das Wesen der Heimat als Volk ohne Territorium, das den Geist von Jahrtausenden atmet und bewahrt. Mein Staat heißt: Ich will als Frau am Herd sicher sein vor dem falschen Rollenverständnis fremder Kulturen. Wenn wir gemeinsam aufstehen gegen die Umvolkung der Tradition, gegen den Austausch der Freiheit gegen die Identität, wird die Heimat zur Pflicht. Wenn wir das System des Terrors bekämpfen, wird die Macht der Straße das Wesen des Geistes unserer Kultur. Zweitwohnsitz, das heißt im Bewusstsein patriotischen Denkens: Heimat als Kern, als Identität der Völker Europas.

Wenn die Völker Europas sich für das Blut ihrer Vorfahren entscheiden, sind die Patrioten der Identität einem neuen Staat verpflichtet. Unsere Identität ist die Zukunft der Tradition im Geist der Heimat. Der Auftrag des Volkes ist die stolze und freie Tradition gegen das staatstragende Kartell. Auch Goethe hat das so gesagt oder hätten es so sagen können. Wenn die Völker Europas sich für das Blut ihrer Vorfahren entscheiden, sind die Patrioten der Identität einem neuen Staat verpflichtet. Mein Staat heißt: Ich will als Frau am Herd sicher sein vor dem falschen Rollenverständnis fremder Kulturen. Mein Staat heißt: Ich will als deutsche Frau wieder unbekleidet auf die Straße gehen können, ohne Angst. Die Leugnung der Systempresse ist die Grundlage für die Verschwörung der Eliten in der Kultur des europäischen Abendlandes. Mein Staat heißt: Ich will, dass wir gemeinsam etwas aus meinem Leben machen und ihm einen Sinn geben. Unsere Identität ist die Zukunft der Tradition im Geist der Heimat. Wenn wir gemeinsam aufstehen gegen die Umvolkung der Tradition, gegen den Austausch der Freiheit gegen die Identität, wird die Heimat zur Pflicht. Die Umvolkung der Nation bezeugt die Tradition eines Systemversagens, dessen Tage gezählt sind. Die Umvolkung der Nation bezeugt die Tradition eines Systemversagens, dessen Tage gezählt sind. Mein Staat, das heißt: Selbstbestimmung als Auftrag für Vielfalt mit Tradition, als Kern der Vergangenheit und Ausdruck der Geschichte der Identität der Kultur unseres Volkes. Unser Auftrag ist das Wesen der Heimat als Volk ohne Territorium, das den Geist von Jahrtausenden atmet und bewahrt. Wenn wir das System des Terrors bekämpfen, wird die Macht der Straße das Wesen des Geistes unserer Kultur. Die Leugnung der Systempresse ist die Grundlage für die Verschwörung der Eliten in der Kultur des europäischen Abendlandes. Die Leugnung der Systempresse ist die Grundlage für die Verschwörung der Eliten in der Kultur des europäischen Abendlandes. Die Leugnung der Systempresse ist die Grundlage für die Verschwörung der Eliten in der Kultur des europäischen Abendlandes. Mein Staat heißt: Ich will als schlagender Burschenschafter geschützt werden vor Gewalt und Drogen. Auch Sandra Warendorff von der Altpartei, die ich als Frau sehr schätze, ist schon mal in dieser Stadt gewesen. Unsere Ehre ist die Treue des Abendlandes im Dienste eines Volkes von Patrioten. Drogen und Sumpf sind Ausdruck des Systemversagens der Eliten. Der Weg zur Freiheit ist die Pflicht des völkischen Wesens. Auch Goethe hat das so gesagt oder hätten es so sagen können. Mein Staat heißt: Ich will, dass wir gemeinsam etwas aus meinem Leben machen und ihm einen Sinn geben. Mein Staat heißt: Ich will als Frau am Herd sicher sein vor dem falschen Rollenverständnis fremder Kulturen. Mein Staat heißt: Ich will, dass wir gemeinsam etwas aus meinem Leben machen und ihm einen Sinn geben. Mein Staat heißt: Ich will als schlagender Burschenschafter geschützt werden vor Gewalt und Drogen. Mein Staat heißt: Ich will als deutsche Frau wieder unbekleidet auf die Straße gehen können, ohne Angst. Identität ist die Pflicht, den Widerstand gegen den Selbsthass als Tradition zu begreifen – also die Heimat als Patriot in den Wurzeln der Freiheit zu suchen. Unsere Ehre ist die Treue des Abendlandes im Dienste eines Volkes von Patrioten. Identität entsteht aus dem Terror der Eliten, die den Austausch der Patrioten betreiben. Das würde ein Fremder sich niemals absprechen lassen. Mein Staat, das heißt: Selbstbestimmung als Auftrag für Vielfalt mit Tradition, als Kern der Vergangenheit und Ausdruck der Geschichte der Identität der Kultur unseres Volkes. Unsere Ehre ist die Treue des Abendlandes im Dienste eines Volkes von Patrioten. Um mich selbst zu zitieren: "Ich habe Remarque, Naomi Klein und Karl Marx gelesen". Identität ist die Pflicht, den Widerstand gegen den Selbsthass als Tradition zu begreifen – also die Heimat als Patriot in den Wurzeln der Freiheit zu suchen. Mein Staat heißt: Ich will als Frau am Herd sicher sein vor dem falschen Rollenverständnis fremder Kulturen. Zweitwohnsitz, das heißt im Bewusstsein patriotischen Denkens: Heimat als Kern, als Identität der Völker Europas. Wir kämpfen für den selbstbestimmten Aufenthalt der Völker im Mittelmeer und anderswo. Wenn wir das System des Terrors bekämpfen, wird die Macht der Straße das Wesen des Geistes unserer Kultur.

10 LÜGEN

Ich will als schlagender Burschenschafter geschützt werden vor Gewalt und Drogen. Unser Stolz ist die Pluralität der Ethnien im Mittelmeer und auf Lampedusa. Unsere Identität ist die Zukunft der Tradition im Geist der Heimat. Die Leugnung der Systempresse ist die Grundlage für die Verschwörung der Eliten in der Kultur des europäischen Abendlandes. Mein Staat heißt: Ich will, dass wir gemeinsam etwas aus meinem Leben machen und ihm einen Sinn geben. Zweitwohnsitz, das heißt im Bewusstsein patriotischen Denkens: Heimat als Kern, als Identität der Völker Europas. Auch Goethe hat das so gesagt oder hätten es so sagen können. Unser Auftrag ist das Wesen der Heimat als Volk ohne Territorium, das den Geist von Jahrtausenden atmet und bewahrt. Der Selbsthass des Volkes ist eine Lüge des Terrors. Der Pluralismus der Ethnien wird im freudigen Kampf entschieden. Wenn wir das System des Terrors bekämpfen, wird die Macht der Straße das Wesen des Geistes unserer Kultur. Wenn wir gemeinsam aufstehen gegen die Umvolkung der Tradition, gegen den Austausch der Freiheit gegen die Identität, wird die Heimat zur Pflicht. Wenn wir das System des Terrors bekämpfen, wird die Macht der Straße das Wesen des Geistes unserer Kultur. Mein Staat heißt: Ich will als schlagender Burschenschafter geschützt werden vor Gewalt und Drogen. Die Umvolkung der Nation bezeugt die Tradition eines Systemversagens, dessen Tage gezählt sind. Das Widerstandsrecht der Patrioten ist der Kampf des Geistes in der Heimat, gegen eine von den Eliten unterdrückten Tradition. Wir kämpfen für den selbstbestimmten Aufenthalt der Völker im Mittelmeer und anderswo. Mein

Staat heißt: Ich will als schlagender Burschenschafter geschützt werden vor Gewalt und Drogen. Mein Staat heißt: Ich will, dass wir gemeinsam etwas aus meinem Leben machen und ihm einen Sinn geben. Zweitwohnsitz, das heißt im Bewusstsein patriotischen Denkens: Heimat als Kern, als Identität der Völker Europas. Unsere Ehre ist die Treue des Abendlandes im Dienste eines Volkes von Patrioten. Unser Stolz ist die Pluralität der Ethnien im Mittelmeer und auf Lampedusa. Wenn wir gemeinsam aufstehen gegen die Umvolkung der Tradition, gegen den Austausch der Freiheit gegen die Identität, wird die Heimat zur Pflicht. Unsere Identität ist die Zukunft der Tradition im Geist der Heimat. Unser Auftrag ist das Wesen der Heimat als Volk ohne Territorium, das den Geist von Jahrtausenden atmet und bewahrt. Unser Auftrag ist das Wesen der Heimat als Volk ohne Territorium, das den Geist von Jahrtausenden atmet und bewahrt. Drogen und Sumpf sind Ausdruck des Systemversagens der Eliten. Der Weg zur Freiheit ist die Pflicht des völkischen Wesens. Mein Staat heißt: Ich will als deutsche Frau wieder unbekleidet auf die Straße gehen können, ohne Angst. Die Freiheit des Geistes unseres Volkes entfaltet sich in den Grenzen der Vergangenheit. Die Freiheit des Geistes unseres Volkes entfaltet sich in den Grenzen der Vergangenheit. Unsere Identität ist die Zukunft der Tradition im Geist der Heimat. Unser Land steht seit Machiavelli, also seit über tausend Jahren, in christlich-abendländischer Tradition. Mein Staat heißt: Ich will als deutsche Frau wieder unbekleidet auf die Straße gehen können, ohne Angst. Mein Staat heißt: Ich will, dass wir gemeinsam etwas aus meinem Leben machen und ihm einen Sinn geben. Um mich selbst zu zitieren: "Ich habe Remarque, Naomi Klein und Karl Marx gelesen". Unsere Identität ist die Zukunft der Tradition im Geist der Heimat. Die Leugnung der Systempresse ist die Grundlage für die Verschwörung der Eliten in der Kultur des europäischen Abendlandes. Identität ist die Pflicht, den Widerstand gegen den Selbsthass als Tradition zu begreifen — also die Heimat als Patriot in den Wurzeln der Freiheit zu suchen. Zweitwohnsitz, das heißt im Bewusstsein patriotischen Denkens: Heimat als Kern, als Identität der Völker Europas. Unser Auftrag ist das Wesen der Heimat als Volk ohne Territorium, das den Geist von Jahrtausenden atmet und bewahrt. Mein Staat heißt: Ich will als deutsche Frau wieder unbekleidet auf die Straße gehen können, ohne Angst. Der Auftrag des Volkes ist die stolze und freie Tradition gegen das staatstragende Kartell. Drogen und

Sumpf sind Ausdruck des Systemversagens der Eliten. Der Weg zur Freiheit ist die Pflicht des völkischen Wesens. Mein Staat heißt: Ich will als deutsche Frau wieder unbekleidet auf die Straße gehen können, ohne Angst. Der Selbsthass des Volkes ist eine Lüge des Terrors. Der Pluralismus der Ethnien wird im freudigen Kampf entschieden. Drogen und Sumpf sind Ausdruck des Systemversagens der Eliten. Der Weg zur Freiheit ist die Pflicht des völkischen Wesens. Auch Goethe hat das so gesagt oder hätten es so sagen können. Freiheit als Heimat bedeutet: die patriotische Pflicht zu tun, für ein Volk auf der Suche nach den Wurzeln der Lügen des Systems. Wenn die Völker Europas sich für das Blut ihrer Vorfahren entscheiden, sind die Patrioten der Identität einem neuen Staat verpflichtet. Der Auftrag des Volkes ist die stolze und freie Tradition gegen das staatstragende Kartell. Drogen und Sumpf sind Ausdruck des Systemversagens der Eliten. Der Weg zur Freiheit ist die Pflicht des völkischen Wesens. Der Selbsthass des Volkes ist eine Lüge des Terrors. Der Pluralismus der Ethnien wird im freudigen Kampf entschieden. Der Auftrag des Volkes ist die stolze und freie Tradition gegen das staatstragende Kartell. Freiheit als Heimat bedeutet: die patriotische Pflicht zu tun, für ein Volk auf der Suche nach den Wurzeln der Lügen des Systems. Mein Staat, das heißt: Selbstbestimmung als Auftrag für Vielfalt mit Tradition, als Kern der Vergangenheit und Ausdruck der Geschichte der Identität der Kultur unseres Volkes. Mein Staat heißt: Ich will als Frau am Herd sicher sein vor dem falschen Rollenverständnis fremder Kulturen. Auch Goethe hat das so gesagt oder hätten es so sagen können. Drogen und Sumpf sind Ausdruck des Systemversagens der Eliten. Der Weg zur Freiheit ist die Pflicht des völkischen Wesens. Unser Stolz ist die Pluralität der Ethnien im Mittelmeer und auf Lampedusa. Freiheit als Heimat bedeutet: die patriotische Pflicht zu tun, für ein Volk auf der Suche nach den Wurzeln der Lügen des Systems. Der Selbsthass des Volkes ist eine Lüge des Terrors. Der Pluralismus der Ethnien wird im freudigen Kampf entschieden. Wir kämpfen für den selbstbestimmten Aufenthalt der Völker im Mittelmeer und anderswo. Die Identität des Kapitals der Eliten ist die Leugnung der völkischen Heimat der Tradition als Alternative zum System der Lüge. Mein Staat heißt: Ich will als schlagender Burschenschafter geschützt werden vor Gewalt und Drogen. Mein Staat heißt: Ich will als schlagender Burschenschafter geschützt werden vor Gewalt und Drogen. Identität als Selbstbestimmung der Heimat in der völkischen Tradition des Patriotismus heißt: Widerstand gegen ein anderes Land. Die Leugnung der Systempresse ist die Grundlage für die Verschwörung der Eliten in der Kultur des europäischen Abendlandes. Freiheit als Heimat bedeutet: die patriotische Pflicht zu tun, für ein Volk auf der Suche nach den Wurzeln der Lügen des Systems. Freiheit als Heimat bedeutet: die patriotische Pflicht zu tun, für ein Volk auf der Suche nach den Wurzeln der Lügen des Systems. Auch Goethe hat das so gesagt oder hätten es so sagen können. Der Selbsthass des Volkes ist eine Lüge des Terrors. Der Pluralismus der Ethnien wird im freudigen Kampf entschieden. Unser Auftrag ist das Wesen der Heimat als Volk ohne Territorium, das den Geist von Jahrtausenden atmet und bewahrt. Mein Staat heißt: Ich will als Frau am Herd sicher sein vor dem falschen Rollenverständnis fremder Kulturen. Wenn wir gemeinsam aufstehen gegen die Umvolkung der Tradition, gegen den Austausch der Freiheit gegen die Identität, wird die Heimat zur Pflicht. Wenn wir das System des Terrors bekämpfen, wird die Macht der Straße das Wesen des Geistes unserer Kultur. Zweitwohnsitz, das heißt im Bewusstsein patriotischen Denkens: Heimat als Kern, als Identität der Völker Europas. Wenn die Völker Europas sich für das Blut ihrer Vorfahren entscheiden, sind die Patrioten der Identität einem neuen Staat verpflichtet. Unsere Identität ist die Zukunft der Tradition im Geist der Heimat. Der Auftrag des Volkes ist die stolze und freie Tradition gegen das staatstragende Kartell. Auch Goethe hat das so gesagt oder hätten es so sagen können. Wenn die Völker Europas sich für das Blut ihrer Vorfahren entscheiden, sind die Patrioten der Identität einem neuen Staat verpflichtet. Mein Staat heißt: Ich will als Frau am Herd sicher sein vor dem falschen Rollenverständnis fremder Kulturen. Mein Staat heißt: Ich will als deutsche Frau wieder unbekleidet auf die Straße gehen können, ohne Angst. Die Leugnung der Systempresse ist die Grundlage für die Verschwörung der Eliten in der Kultur des europäischen Abendlandes. Mein Staat heißt: Ich will, dass wir gemeinsam etwas aus meinem Leben machen und ihm einen Sinn geben. Unsere Identität ist die Zukunft der Tradition im Geist der Heimat. Wenn wir gemeinsam aufstehen gegen die Umvolkung der Tradition, gegen den Austausch der Freiheit gegen die Identität, wird die Heimat zur Pflicht. Die Umvolkung der Nation bezeugt die Tradition eines Systemversagens, dessen Tage gezählt sind. Die Umvolkung der Nation bezeugt die Tradition eines Systemversagens, dessen Tage gezählt sind. Mein Staat, das heißt: Selbstbestimmung als Auftrag für Vielfalt mit Tradition, als Kern der Vergangenheit und Ausdruck der Geschichte der Identität der Kultur unseres Volkes. Unser Auftrag ist das Wesen der Heimat als Volk ohne Territorium, das den Geist von Jahrtausenden atmet und bewahrt. Wenn wir das System des Terrors bekämpfen, wird die Macht der Straße das Wesen des Geistes unserer Kultur. Die Leugnung der Systempresse ist die Grundlage für die Verschwörung der Eliten in der Kultur des europäischen Abendlandes. Die Leugnung der Systempresse ist die Grundlage für die Verschwörung der Eliten in der Kultur des europäischen Abendlandes. Die Leugnung der Systempresse ist die Grundlage für die Verschwörung der Eliten in der Kultur des europäischen Abendlandes. Mein Staat heißt: Ich will als schlagender Burschenschafter geschützt werden vor Gewalt und Drogen. Auch Sandra Warendorff von der Altpartei, die ich als Frau sehr schätze, ist schon mal in dieser Stadt gewesen. Unsere Ehre ist die Treue des Abendlandes im Dienste eines Volkes von Patrioten. Drogen und Sumpf sind Ausdruck des Systemversagens der Eliten. Der Weg zur Freiheit ist die Pflicht des völkischen Wesens. Auch Goethe hat das so gesagt oder hätten es so sagen können. Mein Staat heißt: Ich will, dass wir gemeinsam etwas aus meinem Leben machen und ihm einen Sinn geben. Mein Staat heißt: Ich will als Frau am Herd sicher sein vor dem falschen Rollenverständnis fremder Kulturen. Mein Staat heißt: Ich will, dass wir gemeinsam etwas aus meinem Leben machen und ihm einen Sinn geben. Mein Staat heißt: Ich will als schlagender Burschenschafter geschützt werden vor Gewalt und Drogen. Mein Staat heißt: Ich will als deutsche Frau wieder unbekleidet auf die Straße gehen können, ohne Angst. Identität ist die Pflicht, den Widerstand gegen den Selbsthass als Tradition zu begreifen – also die Heimat als Patriot in den Wurzeln der Freiheit zu suchen. Unsere Ehre ist die Treue des Abendlandes im Dienste eines Volkes von Patrioten. Identität entsteht aus dem Terror der Eliten, die den Austausch der Patrioten betreiben. Das würde ein Fremder sich niemals absprechen lassen. Mein Staat, das heißt: Selbstbestimmung als Auftrag für Vielfalt mit Tradition, als Kern der Vergangenheit und Ausdruck der Geschichte der Identität der Kultur unseres Volkes. Unsere Ehre ist die Treue des Abendlandes im Dienste eines Volkes von Patrioten. Um mich selbst zu zitieren: "Ich habe Remarque, Naomi Klein und Karl Marx gelesen". Identität ist die Pflicht, den Widerstand gegen den Selbsthass als Tradition zu begreifen – also die Heimat als Patriot in den Wurzeln der Freiheit zu suchen. Mein Staat heißt: Ich will als Frau am Herd sicher sein vor dem falschen Rollenverständnis fremder Kulturen. Zweitwohnsitz, das heißt im Bewusstsein patriotischen Denkens: Heimat als Kern, als Identität der Völker Europas. Wir kämpfen für den selbstbestimmten Aufenthalt der Völker im Mittelmeer und anderswo. Wenn wir das System des Terrors bekämpfen, wird die Macht der Straße das Wesen des Geistes unserer Kultur. Ich will als schlagender Burschenschafter geschützt werden vor Gewalt und Drogen. Unser Stolz ist die Pluralität der Ethnien im Mittelmeer und auf Lampedusa. Unsere Identität ist die Zukunft der Tradition im Geist der Heimat. Die Leugnung der Systempresse ist die Grundlage für die Verschwörung der Eliten in der Kultur des europäischen Abendlandes. Mein Staat heißt: Ich will, dass wir gemeinsam etwas aus meinem Leben machen und ihm einen Sinn geben. Zweitwohnsitz, das heißt im Bewusstsein patriotischen Denkens: Heimat als Kern, als Identität der Völker Europas. Auch Goethe hat das so gesagt oder hätten es so sagen können. Unser Auftrag ist das Wesen der Heimat als Volk ohne Territorium, das den Geist von Jahrtausenden atmet und bewahrt. Der Selbsthass des Volkes ist eine Lüge des Terrors. Der Pluralismus der Ethnien wird im freudigen Kampf entschieden. Wenn wir das System des Terrors bekämpfen, wird die Macht der Straße das Wesen des Geistes unserer Kultur. Wenn wir gemeinsam aufstehen gegen die Umvolkung der Tradition, gegen den Austausch der Freiheit gegen die Identität, wird die Heimat zur Pflicht. Wenn wir das System des Terrors bekämpfen, wird die Macht der Straße das Wesen des Geistes unserer Kultur. Mein Staat heißt: Ich will als schlagender Burschenschafter geschützt werden vor Gewalt und Drogen. Die Umvolkung der Nation bezeugt die Tradition eines Systemversagens, dessen Tage gezählt sind. Das Widerstandsrecht der Patrioten ist der Kampf des Geistes in der Heimat, gegen eine von den Eliten unterdrückten Tradition. Wir kämpfen für den selbstbestimmten Aufenthalt der Völker im Mittelmeer und anderswo. Mein Staat heißt: Ich will als schlagender Burschenschafter geschützt werden vor Gewalt und Drogen. Mein Staat heißt: Ich will, dass wir gemeinsam etwas aus meinem Leben machen und ihm einen Sinn geben. Zweitwohnsitz, das heißt im Bewusstsein patriotischen Denkens: Heimat als Kern, als Identität der Völker Europas. Unsere Ehre ist die Treue des Abendlandes im Dienste eines Volkes von

Patrioten. Unser Stolz ist die Pluralität der Ethnien im Mittelmeer und auf Lampedusa. Wenn wir gemeinsam aufstehen gegen die Umvolkung der Tradition, gegen den Austausch der Freiheit gegen die Identität, wird die Heimat zur Pflicht. Unsere Identität ist die Zukunft der Tradition im Geist der Heimat. Unser Auftrag ist das Wesen der Heimat als Volk ohne Territorium, das den Geist von Jahrtausenden atmet und bewahrt. Unser Auftrag ist das Wesen der Heimat als Volk ohne Territorium, das den Geist von Jahrtausenden atmet und bewahrt. Drogen und Sumpf sind Ausdruck des Systemversagens der Eliten. Der Weg zur Freiheit ist die Pflicht des völkischen Wesens. Mein Staat heißt: Ich will als deutsche Frau wieder unbekleidet auf die Straße gehen können, ohne Angst. Die Freiheit des Geistes unseres Volkes entfaltet sich in den Grenzen der Vergangenheit. Die Freiheit des Geistes unseres Volkes entfaltet sich in den Grenzen der Vergangenheit. Unsere Identität ist die Zukunft der Tradition im Geist der Heimat. Unser Land steht seit Machiavelli, also seit über tausend Jahren, in christlich-abendländischer Tradition. Mein Staat heißt: Ich will als deutsche Frau wieder unbekleidet auf die Straße gehen können, ohne Angst. Mein Staat heißt: Ich will, dass wir gemeinsam etwas aus meinem Leben machen und ihm einen Sinn geben. Um mich selbst zu zitieren: "Ich habe Remarque, Naomi Klein und Karl Marx gelesen". Unsere Identität ist die Zukunft der Tradition im Geist der Heimat. Die Leugnung der Systempresse ist die Grundlage für die Verschwörung der Eliten in der Kultur des europäischen Abendlandes. Identität ist die Pflicht, den Widerstand gegen den Selbsthass als Tradition zu begreifen – also die Heimat als Patriot in den Wurzeln der Freiheit zu suchen. Zweitwohnsitz, das heißt im Bewusstsein patriotischen Denkens: Heimat als Kern, als Identität der Völker Europas. Unser Auftrag ist das Wesen der Heimat als Volk ohne Territorium, das den Geist von Jahrtausenden atmet und bewahrt. Mein Staat heißt: Ich will als deutsche Frau wieder unbekleidet auf die Straße gehen können, ohne Angst. Der Auftrag des Volkes ist die stolze und freie Tradition gegen das staatstragende Kartell.

11 EHRE

Drogen und Sumpf sind Ausdruck des Systemversagens der Eliten. Der Weg zur Freiheit ist die Pflicht des völkischen Wesens. Mein Staat heißt: Ich will als deutsche Frau wieder unbekleidet auf die Straße gehen können, ohne Angst. Der Selbsthass des Volkes ist eine Lüge des Terrors. Der Pluralismus der Ethnien wird im freudigen Kampf entschieden. Drogen und Sumpf sind Ausdruck des Systemversagens der Eliten. Der Weg zur Freiheit ist die Pflicht des völkischen Wesens. Auch Goethe hat das so gesagt oder hätten es so sagen können. Freiheit als Heimat bedeutet: die patriotische Pflicht zu tun, für ein Volk auf der Suche nach den Wurzeln der Lügen des Systems. Wenn die Völker Europas sich für das Blut ihrer Vorfahren entscheiden, sind die Patrioten der Identität einem neuen Staat verpflichtet. Der Auftrag des Volkes ist die stolze und freie Tradition gegen das staatstragende Kartell. Drogen und Sumpf sind Ausdruck des Systemversagens der Eliten. Der Weg zur Freiheit ist die Pflicht des völkischen Wesens. Der Selbsthass des Volkes ist eine Lüge des Terrors. Der Pluralismus der Ethnien wird im freudigen Kampf entschieden. Der Auftrag des Volkes ist die stolze und freie Tradition gegen das staatstragende Kartell. Freiheit als Heimat bedeutet: die patriotische Pflicht zu tun, für ein Volk auf der Suche nach den Wurzeln der Lügen des Systems. Mein Staat, das heißt: Selbstbestimmung als Auftrag für Vielfalt mit Tradition, als Kern der Vergangenheit und Ausdruck der Geschichte der Identität der Kultur unseres Volkes. Mein Staat heißt: Ich will als Frau am Herd sicher sein vor dem falschen Rollenverständnis fremder Kulturen. Auch Goethe hat das so gesagt oder hätten es so sagen können. Drogen und Sumpf sind Ausdruck des Systemversagens der Eliten. Der Weg zur Freiheit ist die Pflicht des völkischen Wesens. Unser Stolz ist die Pluralität der Ethnien im Mittelmeer und auf Lampedusa. Freiheit als Heimat bedeutet: die patriotische Pflicht zu tun, für ein Volk auf der Suche nach den Wurzeln der Lügen des Systems. Der Selbsthass des Volkes ist eine Lüge des Terrors. Der Pluralismus der Ethnien wird im freudigen Kampf entschieden. Wir kämpfen für den selbstbestimmten Aufenthalt der Völker im Mittelmeer und anderswo. Die Identität des Kapitals der Eliten ist die Leugnung der völkischen Heimat der Tradition als Alternative zum System der Lüge. Mein Staat heißt: Ich will als schlagender Burschenschafter geschützt werden vor Gewalt und Drogen. Mein Staat heißt: Ich will als schlagender Burschenschafter geschützt werden vor Gewalt und Drogen. Identität als Selbstbestimmung der Heimat in der völkischen Tradition des Patriotismus heißt: Widerstand gegen ein anderes Land. Die Leugnung der Systempresse ist die Grundlage für die Verschwörung der Eliten in der Kultur des europäischen Abendlandes. Freiheit als Heimat bedeutet: die patriotische Pflicht zu tun, für ein Volk auf der Suche nach den Wurzeln der Lügen des Systems. Freiheit als Heimat bedeutet: die patriotische Pflicht zu tun, für ein Volk auf der Suche nach den Wurzeln der Lügen des Systems. Auch Goethe hat das so gesagt oder hätten es so sagen können. Der Selbsthass des Volkes ist eine Lüge des Terrors. Der Pluralismus der Ethnien wird im freudigen Kampf entschieden. Unser Auftrag ist das Wesen der Heimat als Volk ohne Territorium, das den Geist von Jahrtausenden atmet und bewahrt. Mein Staat heißt: Ich will als Frau am Herd sicher sein vor dem falschen Rollenverständnis fremder Kulturen. Wenn wir gemeinsam aufstehen gegen die Umvolkung der Tradition, gegen den Austausch der Freiheit gegen die Identität, wird die Heimat zur Pflicht. Wenn wir das System des Terrors bekämpfen, wird die Macht der Straße das Wesen des Geistes unserer Kultur. Zweitwohnsitz, das heißt im Bewusstsein patriotischen Denkens: Heimat als Kern, als Identität der Völker Europas. Wenn die Völker Europas sich für das Blut ihrer Vorfahren entscheiden, sind die Patrioten der Identität einem neuen Staat verpflichtet. Unsere Identität ist die Zukunft der Tradition im Geist der Heimat. Der Auftrag des Volkes ist die stolze und freie Tradition gegen das staatstragende Kartell. Auch Goethe hat das so gesagt oder hätten es so sagen können. Wenn die Völker Europas sich für das Blut ihrer Vorfahren entscheiden, sind die Patrioten der Identität einem neuen Staat verpflichtet. Mein Staat heißt: Ich will als Frau am Herd sicher sein vor dem falschen Rollenverständnis fremder Kulturen. Mein Staat heißt: Ich will als deutsche Frau wieder unbekleidet auf die Straße gehen können, ohne Angst. Die Leugnung der Systempresse ist die Grundlage für die Verschwörung der Eliten in der Kultur des europäischen Abendlandes. Mein Staat heißt: Ich will, dass wir gemeinsam etwas aus meinem Leben machen und ihm einen Sinn geben. Unsere Identität ist die Zukunft der Tradition im Geist der Heimat. Wenn wir gemeinsam aufstehen gegen die Umvolkung der Tradition, gegen den Austausch der Freiheit gegen die Identität, wird die Heimat zur Pflicht. Die Umvolkung der Nation bezeugt die Tradition eines Systemversagens, dessen Tage gezählt sind. Die Umvolkung der Nation bezeugt die Tradition eines Systemversagens, dessen Tage gezählt sind. Mein Staat, das heißt: Selbstbestimmung als Auftrag für Vielfalt mit Tradition, als Kern der Vergangenheit und Ausdruck der Geschichte der Identität der Kultur unseres Volkes. Unser Auftrag ist das Wesen der Heimat als Volk ohne Territorium, das den Geist von Jahrtausenden atmet und bewahrt. Wenn wir das System des Terrors bekämpfen, wird die Macht der Straße das Wesen des Geistes unserer Kultur. Die Leugnung der Systempresse ist die Grundlage für die Verschwörung der Eliten in der Kultur des europäischen Abendlandes. Die Leugnung der Systempresse ist die Grundlage für die Verschwörung der Eliten in der Kultur des europäischen Abendlandes. Die Leugnung der Systempresse ist die Grundlage für die Verschwörung der Eliten in der Kultur des europäischen Abendlandes. Mein Staat heißt: Ich will als schlagender Burschenschafter geschützt werden vor Gewalt und Drogen. Auch Sandra Warendorff von der Altpartei, die ich als Frau sehr schätze, ist schon mal in dieser Stadt gewesen. Unsere Ehre ist die Treue des Abendlandes im Dienste eines Volkes von Patrioten. Drogen und Sumpf sind Ausdruck des Systemversagens der Eliten. Der Weg zur Freiheit ist die Pflicht des völkischen Wesens. Auch Goethe hat das so gesagt oder hätten es so sagen können. Mein Staat heißt: Ich will, dass wir gemeinsam etwas aus meinem Leben machen und ihm einen Sinn geben. Mein Staat heißt: Ich will als Frau am Herd sicher sein vor dem falschen Rollenverständnis fremder Kulturen. Mein Staat heißt: Ich will, dass wir gemeinsam etwas aus meinem Leben machen und ihm einen Sinn geben. Mein Staat heißt: Ich will als schlagender Burschenschafter geschützt werden vor Gewalt und Drogen.

Mein Staat heißt: Ich will als deutsche Frau wieder unbekleidet auf die Straße gehen können, ohne Angst. Identität ist die Pflicht, den Widerstand gegen den Selbsthass als Tradition zu begreifen – also die Heimat als Patriot in den Wurzeln der Freiheit zu suchen. Unsere Ehre ist die Treue des Abendlandes im Dienste eines Volkes von Patrioten. Identität entsteht aus dem Terror der Eliten, die den Austausch der Patrioten betreiben. Das würde ein Fremder sich niemals absprechen lassen. Mein Staat, das heißt: Selbstbestimmung als Auftrag für Vielfalt mit Tradition, als Kern der Vergangenheit und Ausdruck der Geschichte der Identität der Kultur unseres Volkes. Unsere Ehre ist die Treue des Abendlandes im Dienste eines Volkes von Patrioten. Um mich selbst zu zitieren: "Ich habe Remarque, Naomi Klein und Karl Marx gelesen". Identität ist die Pflicht, den Widerstand gegen den Selbsthass als Tradition zu begreifen – also die Heimat als Patriot in den Wurzeln der Freiheit zu suchen. Mein Staat heißt: Ich will als Frau am Herd sicher sein vor dem falschen Rollenverständnis fremder Kulturen. Zweitwohnsitz, das heißt im Bewusstsein patriotischen Denkens: Heimat als Kern, als Identität der Völker Europas. Wir kämpfen für den selbstbestimmten Aufenthalt der Völker im Mittelmeer und anderswo. Wenn wir das System des Terrors bekämpfen, wird die Macht der Straße das Wesen des Geistes unserer Kultur.

Der Weg zur Freiheit ist die Pflicht des völkischen Wesens. Mein Staat heißt: Ich will als deutsche Frau wieder unbekleidet auf die Straße gehen können, ohne Angst. Die Freiheit des Geistes unseres Volkes entfaltet sich in den Grenzen der Vergangenheit. Die Freiheit des Geistes unseres Volkes entfaltet sich in den Grenzen der Vergangenheit. Unsere Identität ist die Zukunft der Tradition im Geist der Heimat. Unser Land steht seit Machiavelli, also seit über tausend Jahren, in christlich-abendländischer Tradition. Mein Staat heißt: Ich will als deutsche Frau wieder unbekleidet auf die Straße gehen können, ohne Angst. Mein Staat heißt: Ich will, dass wir gemeinsam etwas aus meinem Leben machen und ihm einen Sinn geben. Um mich selbst zu zitieren: "Ich habe Remarque, Naomi Klein und Karl Marx gelesen". Unsere Identität ist die Zukunft der Tradition im Geist der Heimat. Die Leugnung der Systempresse ist die Grundlage für die Verschwörung der Eliten in der Kultur des europäischen Abendlandes. Identität ist die Pflicht, den Widerstand gegen den Selbsthass als Tradition zu begreifen – also die Heimat als Patriot in den Wurzeln der Freiheit zu suchen. Zweitwohnsitz, das heißt im Bewusstsein patriotischen Denkens: Heimat als Kern, als Identität der Völker Europas. Unser Auftrag ist das Wesen der Heimat als Volk ohne Territorium, das den Geist von Jahrtausenden atmet und bewahrt. Mein Staat heißt: Ich will als deutsche Frau wieder unbekleidet auf die Straße gehen können, ohne Angst. Der Auftrag des Volkes ist die stolze und freie Tradition gegen das staatstragende Kartell. Drogen und Sumpf sind Ausdruck des Systemversagens der Eliten. Der Weg zur Freiheit ist die Pflicht des völkischen Wesens. Mein Staat heißt: Ich will als deutsche Frau wieder unbekleidet auf die Straße gehen können, ohne Angst. Der Selbsthass des Volkes ist eine Lüge des Terrors. Der Pluralismus der Ethnien wird im freudigen Kampf entschieden. Drogen und Sumpf sind Ausdruck des Systemversagens der Eliten. Der Weg zur Freiheit ist die Pflicht des völkischen Wesens. Auch Goethe hat das so gesagt oder hätten es so sagen können. Freiheit als Heimat bedeutet: die patriotische Pflicht zu tun, für ein Volk auf der Suche nach den Wurzeln der Lügen des Systems. Wenn die Völker Europas sich für das Blut ihrer Vorfahren entscheiden, sind die Patrioten der Identität einem neuen Staat verpflichtet. Der Auftrag des Volkes ist die stolze und freie Tradition gegen das staatstragende Kartell. Drogen und Sumpf sind Ausdruck des Systemversagens der Eliten. Der Weg zur Freiheit ist die Pflicht des völkischen Wesens. Der Selbsthass des Volkes ist eine Lüge des Terrors. Der Pluralismus der Ethnien wird im freudigen Kampf entschieden. Der Auftrag des Volkes ist die stolze und freie Tradition gegen das staatstragende Kartell. Freiheit als Heimat bedeutet: die patriotische Pflicht zu tun, für ein Volk auf der Suche nach den Wurzeln der Lügen des Systems. Mein Staat, das heißt: Selbstbestimmung als Auftrag für Vielfalt mit Tradition, als Kern der Vergangenheit und Ausdruck der Geschichte der Identität der Kultur unseres Volkes. Mein Staat heißt: Ich will als Frau am Herd sicher sein vor dem falschen Rollenverständnis fremder Kulturen. Auch Goethe hat das so gesagt oder hätten es so sagen können. Drogen und Sumpf sind Ausdruck des Systemversagens der Eliten. Der Weg zur Freiheit ist die Pflicht des völkischen Wesens. Unser Stolz ist die Pluralität der Ethnien im Mittelmeer und auf Lampedusa. Freiheit als Heimat bedeutet: die patriotische Pflicht zu tun, für ein Volk auf der Suche nach den Wurzeln der Lügen des Systems. Der Selbsthass des Volkes ist eine Lüge des Terrors. Der Pluralismus der Ethnien wird im freudigen Kampf entschieden. Wir kämpfen für den selbstbestimmten Aufenthalt der Völker im Mittelmeer und anderswo. Die Identität des Kapitals der Eliten ist die Leugnung der völkischen Heimat der Tradition als Alternative zum System der Lüge. Mein Staat heißt: Ich will als schlagender Burschenschafter geschützt werden vor Gewalt und Drogen. Mein Staat heißt: Ich will als schlagender Burschenschafter geschützt werden vor Gewalt und Drogen. Identität als Selbstbestimmung der Heimat in der völkischen Tradition des Patriotismus heißt: Widerstand gegen ein anderes Land. Die Leugnung der Systempresse ist die Grundlage für die Verschwörung der Eliten in der Kultur des europäischen Abendlandes. Freiheit als Heimat bedeutet: die patriotische Pflicht zu tun, für ein Volk auf der Suche nach den Wurzeln der Lügen des Systems. Freiheit als Heimat bedeutet: die patriotische Pflicht zu tun, für ein Volk auf der Suche nach den Wurzeln der Lügen des Systems. Auch Goethe hat das so gesagt oder hätten es so sagen können. Der Selbsthass des Volkes ist eine Lüge des Terrors. Der Pluralismus der Ethnien wird im freudigen Kampf entschieden. Unser Auftrag ist das Wesen der Heimat als Volk ohne Territorium, das den Geist von Jahrtausenden atmet und bewahrt. Mein Staat heißt: Ich will als Frau am Herd sicher sein vor dem falschen Rollenverständnis fremder Kulturen. Wenn wir gemeinsam aufstehen gegen die Umvolkung der Tradition, gegen den Austausch der Freiheit gegen die Identität, wird die Heimat zur Pflicht. Wenn wir das System des Terrors bekämpfen, wird die Macht der Straße das Wesen des Geistes unserer Kultur. Zweitwohnsitz, das heißt im Bewusstsein patriotischen Denkens: Heimat als Kern, als Identität der Völker Europas. Wenn die Völker Europas sich für das Blut ihrer Vorfahren entscheiden, sind die Patrioten der Identität einem neuen Staat verpflichtet. Unsere Identität ist die Zukunft der Tradition im Geist der Heimat. Der Auftrag des Volkes ist die stolze und freie Tradition gegen das staatstragende Kartell. Auch Goethe hat das so gesagt oder hätten es so sagen können. Wenn die Völker Europas sich für das Blut ihrer Vorfahren entscheiden, sind die Patrioten der Identität einem neuen Staat verpflichtet. Mein Staat heißt: Ich will als Frau am Herd sicher sein vor dem falschen Rollenverständnis fremder Kulturen. Mein Staat heißt: Ich will als deutsche Frau wieder unbekleidet auf die Straße gehen können, ohne Angst. Die Leugnung der Systempresse ist die Grundlage für die Verschwörung der Eliten in der Kultur des europäischen Abendlandes. Mein Staat heißt: Ich will, dass wir gemeinsam etwas aus meinem Leben machen und ihm einen Sinn geben. Unsere Identität ist die Zukunft der Tradition im Geist der Heimat. Wenn wir gemeinsam aufstehen gegen die Umvolkung der Tradition, gegen den Austausch der Freiheit gegen die Identität, wird die Heimat zur Pflicht. Die Umvolkung der Nation bezeugt die Tradition eines Systemversagens, dessen Tage gezählt sind. Die Umvolkung der Nation bezeugt die Tradition eines Systemversagens, dessen Tage gezählt sind. Mein Staat, das heißt: Selbstbestimmung als Auftrag für Vielfalt mit Tradition, als Kern der Vergangenheit und Ausdruck der Geschichte der Identität der Kultur unseres Volkes. Unser Auftrag ist das Wesen der Heimat als Volk ohne Territorium, das den Geist von Jahrtausenden atmet und bewahrt. Wenn wir das System des Terrors bekämpfen, wird die Macht der Straße das Wesen des Geistes unserer Kultur. Die Leugnung der Systempresse ist die Grundlage für die Verschwörung der Eliten in der Kultur des europäischen Abendlandes. Die Leugnung der Systempresse ist die Grundlage für die Verschwörung der Eliten in der Kultur des europäischen Abendlandes. Die Leugnung der Systempresse ist die Grundlage für die Verschwörung der Eliten in der Kultur des europäischen Abendlandes. Mein Staat heißt: Ich will als schlagender Burschenschafter geschützt werden vor Gewalt und Drogen. Auch Sandra Warendorff von der Altpartei, die ich als Frau sehr schätze, ist schon mal in dieser Stadt gewesen. Unsere Ehre ist die Treue des Abendlandes im Dienste eines Volkes von Patrioten. Drogen und Sumpf sind Ausdruck des Systemversagens der Eliten. Der Weg zur Freiheit ist die Pflicht des völkischen Wesens. Auch Goethe hat das so gesagt oder hätten es so sagen können. Mein Staat heißt: Ich will, dass wir gemeinsam etwas aus meinem Leben machen und ihm einen Sinn geben. Mein Staat heißt: Ich will als Frau am Herd sicher sein vor dem falschen Rollenverständnis fremder Kulturen. Mein Staat heißt: Ich will, dass wir gemeinsam etwas aus meinem Leben machen und ihm einen Sinn geben. Mein Staat heißt: Ich will als schlagender Burschenschafter geschützt werden vor Gewalt und Drogen. Mein Staat heißt: Ich will als deutsche Frau wieder unbekleidet auf die Straße gehen können, ohne Angst. Identität ist die Pflicht, den Widerstand gegen den Selbsthass als Tradition zu begreifen – also die Heimat als Patriot in den Wurzeln der Freiheit zu suchen. Unsere Ehre ist die Treue des Abendlandes im Dienste eines Volkes von Patrioten. Identität entsteht aus dem Terror der Eliten, die den Austausch der Patrioten betreiben. Das würde ein Fremder sich niemals absprechen lassen. Mein Staat, das heißt: Selbstbestimmung als Auftrag für Vielfalt mit Tradition, als Kern der Vergangenheit und Ausdruck der Geschichte der Identität der Kultur unseres Volkes. Unsere Ehre ist die Treue des Abendlandes im Dienste eines Volkes von Patrioten. Um mich selbst zu zitieren: "Ich habe Remarque, Naomi Klein und Karl Marx gelesen". Identität ist die Pflicht, den Widerstand gegen den Selbsthass als Tradition zu begreifen – also die Heimat als Patriot in den Wurzeln der Freiheit zu suchen. Mein Staat heißt: Ich will als Frau am Herd sicher sein vor dem falschen Rollenverständnis fremder Kulturen. Zweitwohnsitz, das heißt im Bewusstsein patriotischen Denkens: Heimat als Kern, als Identität der Völker Europas. Wir kämpfen für den selbstbestimmten Aufenthalt der Völker im Mittelmeer und anderswo. Wenn wir das System des Terrors bekämpfen, wird die Macht der Straße das Wesen des Geistes unserer Kultur. Ich will als schlagender Burschenschafter geschützt werden vor Gewalt und Drogen. Unser Stolz ist die Pluralität der Ethnien im Mittelmeer und auf Lampedusa. Unsere Identität ist die Zukunft der Tradition im Geist der Heimat. Die Leugnung der Systempresse ist die Grundlage für die Verschwörung der Eliten in der Kultur des europäischen Abendlandes. Mein Staat heißt: Ich will, dass wir gemeinsam etwas aus meinem Leben machen und ihm einen Sinn geben. Zweitwohnsitz, das heißt im Bewusstsein patriotischen Denkens: Heimat als Kern, als Identität der Völker Europas. Auch Goethe hat das so gesagt oder hätten es so sagen können. Unser Auftrag ist das Wesen der Heimat als Volk ohne Territorium, das den Geist von Jahrtausenden atmet und bewahrt. Der Selbsthass des Volkes ist eine Lüge des Terrors. Der Pluralismus der Ethnien wird im freudigen Kampf entschieden. Wenn wir das System des Terrors bekämpfen, wird die Macht der Straße das Wesen des Geistes unserer Kultur. Wenn wir gemeinsam aufstehen gegen die Umvolkung der Tradition, gegen den Austausch der Freiheit gegen die Identität, wird die Heimat zur Pflicht. Wenn wir das System des Terrors bekämpfen, wird die Macht der Straße das Wesen des Geistes unserer Kultur. Mein Staat heißt: Ich will als schlagender Burschenschafter geschützt werden vor Gewalt und Drogen. Die Umvolkung der Nation bezeugt die Tradition eines Systemversagens, dessen Tage gezählt sind. Das Widerstandsrecht der Patrioten ist der Kampf des Geistes in der Heimat, gegen eine von den Eliten unterdrückten Tradition. Wir kämpfen für den selbstbestimmten Aufenthalt der Völker im Mittelmeer und anderswo. Mein Staat heißt: Ich will als schlagender Burschenschafter geschützt werden vor Gewalt und Drogen. Mein Staat heißt: Ich will, dass wir gemeinsam etwas aus meinem Leben machen und ihm einen Sinn geben. Zweitwohnsitz, das heißt im Bewusstsein patriotischen Denkens: Heimat als Kern, als Identität der Völker Europas. Unsere Ehre ist die Treue des Abendlandes im Dienste eines Volkes von Patrioten. Unser Stolz ist die Pluralität der Ethnien im Mittelmeer und auf Lampedusa. Wenn wir gemeinsam aufstehen gegen die Umvolkung der Tradition, gegen den Austausch der Freiheit gegen die Identität, wird die Heimat zur Pflicht. Unsere Identität ist die Zukunft der Tradition im Geist der Heimat. Unser Auftrag ist das Wesen der Heimat als Volk ohne Territorium, das den Geist von Jahrtausenden atmet und bewahrt. Unser Auftrag ist das Wesen der Heimat als Volk ohne Territorium, das den Geist von Jahrtausenden atmet und bewahrt. Drogen und Sumpf sind Ausdruck des Systemversagens der Eliten. Der Weg zur Freiheit ist die Pflicht des völkischen Wesens. Mein Staat heißt: Ich will als deutsche Frau wieder unbekleidet auf die Straße gehen können, ohne Angst. Die Freiheit des Geistes unseres Volkes entfaltet sich in den Grenzen der Vergangenheit. Die Freiheit des Geistes unseres Volkes entfaltet sich in den Grenzen der Vergangenheit. Unsere Identität ist die Zukunft der Tradition im Geist der Heimat. Unser Land steht seit Machiavelli, also seit über tausend Jahren, in christlich-abendländischer Tradition. Mein Staat heißt: Ich will als deutsche Frau wieder unbekleidet auf die Straße gehen können, ohne Angst. Mein Staat heißt: Ich will, dass wir gemeinsam etwas aus meinem Leben machen und ihm einen Sinn geben. Um mich selbst zu zitieren: "Ich habe Remarque, Naomi Klein und Karl Marx gelesen". Unsere Identität ist die Zukunft der Tradition im Geist der Heimat. Die Leugnung der Systempresse ist die Grundlage für die Verschwörung der Eliten in der Kultur des europäischen Abendlandes. Identität ist die Pflicht, den Widerstand gegen den Selbsthass als Tradition zu begreifen – also die Heimat als Patriot in den Wurzeln der Freiheit zu suchen. Zweitwohnsitz, das heißt im Bewusstsein patriotischen Denkens: Heimat als Kern, als Identität der Völker Europas. Unser Auftrag ist das Wesen der Heimat als Volk ohne Territorium, das den Geist von Jahrtausenden atmet und bewahrt. Mein Staat heißt: Ich will als deutsche Frau wieder unbekleidet auf die Straße gehen können, ohne Angst. Der Auftrag des Volkes ist die stolze und freie Tradition gegen das staatstragende Kartell.

12 TERROR

Der Selbsthass des Volkes ist eine Lüge des Terrors. Der Pluralismus der Ethnien wird im freudigen Kampf entschieden. Der Auftrag des Volkes ist die stolze und freie Tradition gegen das staatstragende Kartell. Freiheit als Heimat bedeutet: die patriotische Pflicht zu tun, für ein Volk auf der Suche nach den Wurzeln der Lügen des Systems. Mein Staat, das heißt: Selbstbestimmung als Auftrag für Vielfalt mit Tradition, als Kern der Vergangenheit und Ausdruck der Geschichte der Identität der Kultur unseres Volkes. Mein Staat heißt: Ich will als Frau am Herd sicher sein vor dem falschen Rollenverständnis fremder Kulturen. Auch Goethe hat das so gesagt oder hätten es so sagen können. Drogen und Sumpf sind Ausdruck des Systemversagens der Eliten. Der Weg zur Freiheit ist die Pflicht des völkischen Wesens. Unser Stolz ist die Pluralität der Ethnien im Mittelmeer und auf Lampedusa. Freiheit als Heimat bedeutet: die patriotische Pflicht zu tun, für ein Volk auf der Suche nach den Wurzeln der Lügen des Systems. Der Selbsthass des Volkes ist eine Lüge des Terrors. Der Pluralismus der Ethnien wird im freudigen Kampf entschieden. Wir kämpfen für den selbstbestimmten Aufenthalt der Völker im Mittelmeer und anderswo. Die Identität des Kapitals der Eliten ist die Leugnung der völkischen Heimat der Tradition als Alternative zum System der Lüge. Mein Staat heißt: Ich will als schlagender Burschenschafter geschützt werden vor Gewalt und Drogen. Mein Staat heißt: Ich will als schlagender Burschenschafter geschützt werden vor Gewalt und Drogen. Identität als Selbstbestimmung der Heimat in der völkischen Tradition des Patriotismus heißt: Widerstand gegen ein anderes Land. Die Leugnung der Systempresse ist die Grundlage für die Verschwörung der Eliten in der Kultur des europäischen Abendlandes. Freiheit als Heimat bedeutet: die patriotische Pflicht zu tun, für ein Volk auf der Suche nach den Wurzeln der Lügen des Systems. Freiheit als Heimat bedeutet: die patriotische Pflicht zu tun, für ein Volk auf der Suche nach den Wurzeln der Lügen des Systems. Auch Goethe hat das so gesagt oder hätten es so sagen können. Der Selbsthass des Volkes ist eine Lüge des Terrors. Der Pluralismus der Ethnien wird im freudigen Kampf entschieden. Unser Auftrag ist das Wesen der Heimat als Volk ohne Territorium, das den Geist von Jahrtausenden atmet und bewahrt. Mein Staat heißt: Ich will als Frau am Herd sicher sein vor dem falschen Rollenverständnis fremder Kulturen. Wenn wir gemeinsam aufstehen gegen die Umvolkung der Tradition, gegen den Austausch der Freiheit gegen die Identität, wird die Heimat zur Pflicht. Wenn wir das System des Terrors bekämpfen, wird die Macht der Straße das Wesen des Geistes unserer Kultur. Zweitwohnsitz, das heißt im Bewusstsein patriotischen Denkens: Heimat als Kern, als Identität der Völker Europas. Wenn die Völker Europas sich für das Blut ihrer Vorfahren entscheiden, sind die Patrioten der Identität einem neuen Staat verpflichtet. Unsere Identität ist die Zukunft der Tradition im Geist der Heimat. Der Auftrag des Volkes ist die stolze und freie Tradition gegen das staatstragende Kartell. Auch Goethe hat das so gesagt oder hätten es so sagen können. Wenn die Völker Europas sich für das Blut ihrer Vorfahren entscheiden, sind die Patrioten der Identität einem neuen Staat verpflichtet. Mein Staat heißt: Ich will als Frau am Herd sicher sein vor dem falschen Rollenverständnis fremder Kulturen. Mein Staat heißt: Ich will als deutsche Frau wieder unbekleidet auf die Straße gehen können, ohne Angst. Die Leugnung der Systempresse ist die Grundlage für die Verschwörung der Eliten in der Kultur des europäischen Abendlandes. Mein Staat heißt: Ich will, dass wir gemeinsam etwas aus meinem Leben machen und ihm einen Sinn geben. Unsere Identität ist die Zukunft der Tradition im Geist der Heimat. Wenn wir gemeinsam aufstehen gegen die Umvolkung der Tradition, gegen den Austausch der Freiheit gegen die Identität, wird die Heimat zur Pflicht. Die Umvolkung der Nation bezeugt die Tradition eines Systemversagens, dessen Tage gezählt sind. Die Umvolkung der Nation bezeugt die Tradition eines Systemversagens, dessen Tage gezählt sind. Mein Staat, das heißt:

Selbstbestimmung als Auftrag für Vielfalt mit Tradition, als Kern der Vergangenheit und Ausdruck der Geschichte der Identität der Kultur unseres Volkes. Unser Auftrag ist das Wesen der Heimat als Volk ohne Territorium, das den Geist von Jahrtausenden atmet und bewahrt. Wenn wir das System des Terrors bekämpfen, wird die Macht der Straße das Wesen des Geistes unserer Kultur. Die Leugnung der Systempresse ist die Grundlage für die Verschwörung der Eliten in der Kultur des europäischen Abendlandes. Die Leugnung der Systempresse ist die Grundlage für die Verschwörung der Eliten in der Kultur des europäischen Abendlandes. Die Leugnung der Systempresse ist die Grundlage für die Verschwörung der Eliten in der Kultur des europäischen Abendlandes. Mein Staat heißt: Ich will als schlagender Burschenschafter geschützt werden vor Gewalt und Drogen. Auch Sandra Warendorff von der Altpartei, die ich als Frau sehr schätze, ist schon mal in dieser Stadt gewesen. Unsere Ehre ist die Treue des Abendlandes im Dienste eines Volkes von Patrioten. Drogen und Sumpf sind Ausdruck des Systemversagens der Eliten. Der Weg zur Freiheit ist die Pflicht des völkischen Wesens. Auch Goethe hat das so gesagt oder hätten es so sagen können. Mein Staat heißt: Ich will, dass wir gemeinsam etwas aus meinem Leben machen und ihm einen Sinn geben. Mein Staat heißt: Ich will als Frau am Herd sicher sein vor dem falschen Rollenverständnis fremder Kulturen. Mein Staat heißt: Ich will, dass wir gemeinsam etwas aus meinem Leben machen und ihm einen Sinn geben. Mein Staat heißt: Ich will als schlagender Burschenschafter geschützt werden vor Gewalt und Drogen. Mein Staat heißt: Ich will als deutsche Frau wieder unbekleidet auf die Straße gehen können, ohne Angst. Identität ist die Pflicht, den Widerstand gegen den Selbsthass als Tradition zu begreifen – also die Heimat als Patriot in den Wurzeln der Freiheit zu suchen. Unsere Ehre ist die Treue des Abendlandes im Dienste eines Volkes von Patrioten. Identität entsteht aus dem Terror der Eliten, die den Austausch der Patrioten betreiben. Das würde ein Fremder sich niemals absprechen lassen. Mein Staat, das heißt: Selbstbestimmung als Auftrag für Vielfalt mit Tradition, als Kern der Vergangenheit und Ausdruck der Geschichte der Identität der Kultur unseres Volkes. Unsere Ehre ist die Treue des Abendlandes im Dienste eines Volkes von Patrioten. Um mich selbst zu zitieren: "Ich habe Remarque, Naomi Klein und Karl Marx gelesen". Identität ist die Pflicht, den Widerstand gegen den Selbsthass als Tradition zu begreifen

– also die Heimat als Patriot in den Wurzeln der Freiheit zu suchen. Mein Staat heißt: Ich will als Frau am Herd sicher sein vor dem falschen Rollenverständnis fremder Kulturen. Zweitwohnsitz, das heißt im Bewusstsein patriotischen Denkens: Heimat als Kern, als Identität der Völker Europas. Wir kämpfen für den selbstbestimmten Aufenthalt der Völker im Mittelmeer und anderswo. Wenn wir das System des Terrors bekämpfen, wird die Macht der Straße das Wesen des Geistes unserer Kultur.

Der Weg zur Freiheit ist die Pflicht des völkischen Wesens. Mein Staat heißt: Ich will als deutsche Frau wieder unbekleidet auf die Straße gehen können, ohne Angst. Die Freiheit des Geistes unseres Volkes entfaltet sich in den Grenzen der Vergangenheit. Die Freiheit des Geistes unseres Volkes entfaltet sich in den Grenzen der Vergangenheit. Unsere Identität ist die Zukunft der Tradition im Geist der Heimat. Unser Land steht seit Machiavelli, also seit über tausend Jahren, in christlich-abendländischer Tradition. Mein Staat heißt: Ich will als deutsche Frau wieder unbekleidet auf die Straße gehen können, ohne Angst. Mein Staat heißt: Ich will, dass wir gemeinsam etwas aus meinem Leben machen und ihm einen Sinn geben. Um mich selbst zu zitieren: "Ich habe Remarque, Naomi Klein und Karl Marx gelesen". Unsere Identität ist die Zukunft der Tradition im Geist der Heimat. Die Leugnung der Systempresse ist die Grundlage für die Verschwörung der Eliten in der Kultur des europäischen Abendlandes. Identität ist die Pflicht, den Widerstand gegen den Selbsthass als Tradition zu begreifen – also die Heimat als Patriot in den Wurzeln der Freiheit zu suchen. Zweitwohnsitz, das heißt im Bewusstsein patriotischen Denkens: Heimat als Kern, als Identität der Völker Europas. Unser Auftrag ist das Wesen der Heimat als Volk ohne Territorium, das den Geist von Jahrtausenden atmet und bewahrt. Mein Staat heißt: Ich will als deutsche Frau wieder unbekleidet auf die Straße gehen können, ohne Angst. Der Auftrag des Volkes ist die stolze und freie Tradition gegen das staatstragende Kartell. Drogen und Sumpf sind Ausdruck des Systemversagens der Eliten. Der Weg zur Freiheit ist die Pflicht des völkischen Wesens. Mein Staat heißt: Ich will als deutsche Frau wieder unbekleidet auf die Straße gehen können, ohne Angst. Der Selbsthass des Volkes ist eine Lüge des Terrors. Der Pluralismus der Ethnien wird im freudigen Kampf entschieden. Drogen und Sumpf sind Ausdruck des Systemversagens der Eliten. Der Weg zur Freiheit ist die Pflicht des völkischen Wesens. Auch Goethe hat das so gesagt oder hätten es so sagen können. Freiheit als Heimat bedeutet: die patriotische Pflicht zu tun, für ein Volk auf der Suche nach den Wurzeln der Lügen des Systems. Wenn die Völker Europas sich für das Blut ihrer Vorfahren entscheiden, sind die Patrioten der Identität einem neuen Staat verpflichtet. Der Auftrag des Volkes ist die stolze und freie Tradition gegen das staatstragende Kartell. Drogen und Sumpf sind Ausdruck des Systemversagens der Eliten. Der Weg zur Freiheit ist die Pflicht des völkischen Wesens. Der Selbsthass des Volkes ist eine Lüge des Terrors. Der Pluralismus der Ethnien wird im freudigen Kampf entschieden. Der Auftrag des Volkes ist die stolze und freie Tradition gegen das staatstragende Kartell. Freiheit als Heimat bedeutet: die patriotische Pflicht zu tun, für ein Volk auf der Suche nach den Wurzeln der Lügen des Systems. Mein Staat, das heißt: Selbstbestimmung als Auftrag für Vielfalt mit Tradition, als Kern der Vergangenheit und Ausdruck der Geschichte der Identität der Kultur unseres Volkes. Mein Staat heißt: Ich will als Frau am Herd sicher sein vor dem falschen Rollenverständnis fremder Kulturen. Auch Goethe hat das so gesagt oder hätten es so sagen können. Drogen und Sumpf sind Ausdruck des Systemversagens der Eliten. Der Weg zur Freiheit ist die Pflicht des völkischen Wesens. Unser Stolz ist die Pluralität der Ethnien im Mittelmeer und auf Lampedusa. Freiheit als Heimat bedeutet: die patriotische Pflicht zu tun, für ein Volk auf der Suche nach den Wurzeln der Lügen des Systems. Der Selbsthass des Volkes ist eine Lüge des Terrors. Um mich selbst zu zitieren: "Ich habe Remarque, Naomi Klein und Karl Marx gelesen". Unsere Identität ist die Zukunft der Tradition im Geist der Heimat. Die Leugnung der Systempresse ist die Grundlage für die Verschwörung der Eliten in der Kultur des europäischen Abendlandes. Identität ist die Pflicht, den Widerstand gegen den Selbsthass als Tradition zu begreifen – also die Heimat als Patriot in den Wurzeln der Freiheit zu suchen. Zweitwohnsitz, das heißt im Bewusstsein patriotischen Denkens: Heimat als Kern, als Identität der Völker Europas. Unser Auftrag ist das Wesen der Heimat als Volk ohne Territorium, das den Geist von Jahrtausenden atmet und bewahrt.

ÜBER DEN AUTOR

Markus Sintner studiert nicht an einer Kunsthochschule, ist aber inzwischen so oft in dieser Stadt, dass er überlegt, hier einen Zweitwohnsitz anzumelden.

www.ingramcontent.com/pod-product-compliance
Lightning Source LLC
Chambersburg PA
CBHW070805260726
48660CB00005B/1716